R7856

W0085163

Zu diesem Buch

Trend-Forschung ist modern. Beim Rennen um die besten Plätze der Zukunft scheint das Wissen um künftige Entwicklungen unabdingbar. Nur wer weiß, was wird, kann ganz vorne mitmischen. Auf der Strecke bleibt dabei die Frage, wie diese selbsternannten Zukunftsforscher eigentlich arbeiten. Woraus destilliert man Zukunftsprognosen? Oder werden Trends vielleicht doch nur «kreiert» und funktionieren wie selbsterfüllende Prophezeiungen?

Diese Fragen verfolgt Holger Rust in dem vorliegenden Buch. Nach einer Einführung in die Anfänge und Arbeitsweisen der Trend-Forschung stellt er die amerikanischen Gurus John Naisbitt und Faith Popcorn sowie ihre deutschen Kollegen Gerd Gerken, Gertrud Höhler, Matthias Horx u. a. vor. Abschließend untersucht er an drei exemplarischen Themen – Yuppies, Babyboomer, die neuen Alten – die Mechanismen der Trend-Forschung und ihre Auswirkungen auf unsere Wahrnehmung der Realität.

«Alles in allem ein intelligentes, zynisches Buch, das dem Leser bestätigt, was er bereits dunkel geahnt hat: nämlich daß die Zukunft eine ungewisse Sache ist.» (*Der Standard*, Wien)

«Ein gut lesbares, brillant durchdachtes und spitzfindiges Buch über Trends.» (*Publik Forum*, Frankfurt)

Der Autor

Dr. Holger Rust, Jahrgang 1946, ist Hochschullehrer für Soziologie und Kommunikationswissenschaften, Autor zahlreicher Bücher und Aufsätze über Journalismus und Marketing. Rust war als Berater von Rundfunk- und Fernsehgesellschaften, Zeitungen und Zeitschriften tätig.

Holger Rust

TREND-FORSCHUNG:

Das Geschäft mit der Zukunft

Rowohlt

Vollständig überarbeitete Taschenbuchausgabe
Veröffentlicht im Rowohlt Taschenbuch Verlag GmbH,
Reinbek bei Hamburg, Dezember 1996
Die Originalausgabe erschien unter dem Titel
«Trends. Das Geschäft mit der Zukunft»
im Verlag Kremayr & Scheriau, Wien
Copyright © 1995 by Verlag Kremayr & Scheriau, Wien
Umschlaggestaltung Büro Hamburg
Satz Sabon und Frutiger (Linotronic 500)
Gesamtherstellung Clausen & Bosse, Leck
Printed in Germany
1490-ISBN 3 499 60197 4

Inhalt

Vorwort zur Taschenbuchausgabe

Als sich abzeichnete, daß dieses Buch über die Kaste der Trend-Gurus hinaus auf größeres öffentliches Interesse stieß, wurden Vorwürfe seitens derer laut, die es kritisiert: Es sei doch nicht mehr als der Versuch, aus dem Angriff auf ihr Geschäft ein Geschäft zu machen. An diesem Vorwurf ist zweierlei bemerkenswert: erstens die Tatsache, daß ein, wenngleich verhaltener, kommerzieller Erfolg eines Buches überhaupt Anlaß zur Kritik bietet. Zweitens aber, und da wird es dann witzig, wird die Kritik formuliert von einer Autorenschaft, deren Geschäft im Grunde nichts anderes ist als die Aufbereitung von Vorfindlichem – also genau das, was in diesem Buch kritisiert wird. Denn was tun Trendforscher eigentlich?

Sie lassen *Szenen* beobachten.

Sie blättern Zeitungen durch.

Sie betrachten die Welt.

Sie lesen Bücher.

Dann schreiben sie über das, was sie da gefunden haben – beziehungsweise über das, was sie glauben gefunden zu haben: *Trends, Megatrends, Metatrends* und die *Zukunft* – John Naisbitt und Faith Popcorn, Gerd Gerken und Gertrud Höhler, Matthias Horx, Suzi Chauvel und viele andere. In immer rascherer Folge poltern ihre Bücher auf den Markt, was ja eigentlich nichts anderes heißen kann, als daß sich die gestern noch vollmundig ausgerufenen Zukünfte heute schon überlebt haben. Zudem behaupten sie alle Unterschiedliches, denn es ist ihr Geschäft, mit möglichst originellen Wortschöpfungen eine vermeintliche Zukunftsentwicklung zu markieren. Diese neu gefundenen Begriffe werden dann – mit ihren Namen verknüpft – zu Themen gut dotierter Vorträge.

Der kleine Ärger, der sich angesichts der Flut von Trendlektüre bei einem wirtschaftsjournalistisch arbeitenden Soziologen einstellt, wird nicht dadurch provoziert, daß es sich bei diesen «Büchern» unverhohlen um Werbebroschüren für die Dienstleistungen der Institute ihrer jeweiligen Autorinnen und Autoren handelt. Das ist nun einmal ihr Geschäft. Der Ärger resultiert vielmehr aus der Einsicht, daß da einfach nur viel heiße Luft in die Atmosphäre geblasen wird – während empirisch hart arbeitende Soziologen und Psychologen, Unternehmer, Marktforscher und Unternehmensberatungen Monate, manchmal Jahre brauchen, bis sie zu einem abgesicherten Befund über die Entwicklung eines Produktes, eines Teilmarktes oder einer gesellschaftlichen Entwicklung kommen. Und wie sollte sich ein soziologisch arbeitender Wirtschaftsjournalist anders ärgern als schreibend? Also entstand dieses Buch.

Andererseits kann man den von mir geplagten Autoren keinen Vorwurf machen. Es ist ja durchaus ein Markt für derlei Auslassungen da. Das zeigt sich vor allem daran, daß die jeweils neuesten Publikationen (wie das «Trendbuch 2» von Matthias Horx, «Clicking», der neue «Popcorn Report» von Faith Popcorn, oder «Megatrends Asien» von John Naisbitt, um nur drei zu nennen) sich von den vorangegangenen nur unwesentlich unterscheiden. Und es ist durchaus zu verstehen, daß die vielen, bunten, aufgekratzten, neuen Zeitschriften, die nicht einmal mehr Zeitgeist, sondern nur noch Konfetti verbreiten, händeringend nach Themen suchen. Da ist jeder neue Begriff, möglichst als szenetauglicher Anglizismus mit lateinischen Einschüssen, hoch willkommen. Und der neue «Popcorn-Report» liefert wieder jede Menge Stoff, der sich mit ein paar Bildern illustrieren läßt: Pleasure revenge zum Beispiel, der niedliche kleine Rachefeldzug gegen die diätetischen Regeln der letzten Jahre, die kleine Umweltsünde fürs Ego. Aufgeblasene Beobachtungen von Belanglosigkeiten. Zahlen sucht man vergebens. Solche intellektuellen Stuntnummern sparen Recherche. Und Leserinnen und Leser machen das Spiel mit.

Warum gestandene Managerinnen und Manager ebenso an diesem Spiel teilnehmen und die Trend-Gurus für Honorare bis zu 30000 Mark pro Tag als Berater engagieren, ist dagegen nicht so leicht verständlich. Denn erwartet man von Verantwortlichen der Wirtschaft letztlich nicht, daß sie in der Lage sind, Produktinnovationen anzuregen, daß sie über differenzierte Instrumente verfügen, ihren Markt zu gestalten – Trends zu setzen –, und daß sie den Mut haben, ohne ständige Erste-Hilfe-Kurse Entscheidungen zu treffen? Daß sie Produkte entwickeln, die marktfähig sind, ohne sich aus den Zeitungen von gestern belehren zu lassen, in denen die Trendforschung das als Trend wiederfindet, was sie selbst aus Zeitungen von vorgestern destilliert hat? Betrachtet man die überquellenden Regale der Beratungsliteratur, stellt sich allerdings nagender Zweifel ein, der am Ende in der Frage gipfelt, ob die sogenannten «Nieten in Nadelstreifen» noch in der Lage sind, ein Telefon abzuheben, ohne sich dabei den Arm zu verstauchen.

Dieses Buch, das nun in einer aktualisierten Taschenbuchausgabe vorliegt, vermittelt keine Informationen über die Zukunft. Das ist Sache von Esoterikern und Sterndeutern. Es arbeitet mit einer Methode, die in den späten sechziger Jahren als «immanente Kritik» bezeichnet wurde. Das war damals ein Trendbegriff, in die Welt gesetzt von einem der wichtigsten «Trendsetter» der Zeit: Theodor W. Adorno. Der Ausdruck meinte wie alle Trendbegriffe einen einfachen Sachverhalt, den man auch so hätte formulieren können: Man schaut sich genau an, was gesagt wird, und überprüft die Belege. Eigentlich ist das eher Popper als Adorno, aber darin zeigt sich nur, daß auch in den hehren Sphären der ernsthaften Wissenschaft eines gilt: Der Markt muß mit unverwechselbaren Begriffen besetzt werden, die fortan unter dem Namen ihrer Erfinder zu zitieren sind, auch wenn sie Selbstverständlichkeiten beinhalten. Immanente Kritik also: Daß sich die Arbeit mit dieser Methode im Falle der Trend-Forschung zu einem unterhaltsamen Kabarett entwickeln würde, war nicht abzusehen – ist aber ein hoffentlich amüsanter und lesenswerter Nebeneffekt.

Schnee von gestern – atomgeschmolzen

Welten, in denen wir morgen lebten

Nun ist das Jahr 2000 in greifbare Nähe gerückt, jene mystische Markierung in den Fieberträumen der Zukunftsdeuter, hinter der eine neue Welt beginnen wird. Doch je näher wir dem Datum kommen, desto weniger ist die Rede von der epochalen Wende, vom Aufbruch ins nächste Jahrtausend, in dem alle Krankheiten besiegt und ferne Planeten besiedelt sein werden. Wir mußten lernen, daß die ausgreifenden Phantasien doch zu sehr von der Science-fiction geprägt waren, von den technizistischen Entwürfen einer neuen Welt, die immer wieder in opulenten Bildbänden inszeniert wurde, von Welten, in denen wir «morgen» leben würden.

Es waren wunderbar naive Welten, in denen die meisten technischen Probleme durch Atomkraft gelöst wurden. Dabei handelte es sich keineswegs nur um die großen Herausforderungen, etwa den Straßenbau durch gebirgige Regionen, wo zur Planierung der Trasse mit dem gezielten Einsatz eines H-Bömbchens kurzer Prozeß gemacht wurde, oder um die Anlage meeresverbindender Kanäle quer durch die Kontinente. Nein, auch die Autos wurden eine Zeitlang von Minikraftwerken angetrieben, die unter dem Hintern des Fahrers Atome spalteten. Ein wenig ökologisches Bewußtsein mischte sich schon, so etwa um die frühen sechziger Jahre, in diese Bilder: «Riesige Autoterminals am Rande der Stadt werden die Wagen aufnehmen (...), die Verbindung von Stadt zu Stadt übernehmen raketenähnliche, auf Luftkissen durch Röhren geschossene Untergrundzüge mit Geschwindigkeiten von 600 bis 900 Kilometern in der Stunde. Fußgänger in der Innenstadt bewegen sich auf Förderbändern.» Und es gab ein paar wesentliche Bedenken gegen die atomare Sprengung von Verbindungen zwischen den Meeren – etwa, daß pazifische Seeschlangen den Atlantik erobern und verseuchen würden.

Dem Winter indes trieb man optimistisch die unberechenbaren Launen aus, indem man ganze Lagunen beheizte, über denen sich Wohnbauten von unvorstellbaren Dimensionen erhoben. An klaren Tagen reichte der Blick aus der Höhe der Penthouses auf die gefälligen Hügelketten des Himalaya. Zu den oberen Wohngeschossen, weit über den Wolken und damit stets im Sonnenlicht, gelangte man mit seltsamen Flugmaschinen.

Auch am Meeresboden entstanden Zauberstädte mit eleganten Menschen, umschwommen von erstaunten Fischschwärmen. Einfamilienhäuser sahen in dieser submarinen Zukunft aus wie versenkte fliegende Untertassen, verankert in einem Versorgungssystem, mit dem man in Sekundenschnelle in die Oberwelten emportauchen konnte. Den Urlaub verbrachte die Familie (Vater, Mutter, älterer Sohn und jüngere Tochter) intergalaktisch. Die Pauschalreise zum Mars zählte zum Standardangebot der Reisebüros. Auf dem Feuerschweif der Raketen ging es für drei Wochen zu den grünhäutigen Nachbarn, die genau so aussahen, wie es Generationen in den *Amazing Stories* oder bei Perry Rhodan gelernt hatten.

Das pittoreske Design dieser vorauseilenden Phantasien war leider jeweils fünf Jahre nach den wilden Inszenierungen hoffnungslos veraltet. Die Autoren waren der Welt, in der sie lebten, doch zu sehr verhaftet. Sie steigerten nur das Vorfindliche ein wenig ins Stromlinienförmige, gerade so, daß es die Leser und Betrachter noch irgendwie plausibel fanden. Dabei übersah man leider manches, was nahelag, und viele Fragen von existentieller Bedeutung blieben unbeantwortet: zum Beispiel die, ob man da oben, im Weltraumurlaubsort, auch einen anständigen Kaffee bekäme oder ob es nicht besser wäre, ihn, wie damals nach Caorle, im Reisegepäck mit sich zu führen. An solch kleinen Beispielen zeigt sich, daß sie untauglich waren, diese Pläne der Zukunft, diese Utopien, diese Szenarien der alltäglichen Wunder, filtriert aus der bloßen Fortschreibung der Mentalitäten der jeweiligen Zeit. Sie sind daher zu Recht nun Schnee von gestern, atomgeschmolzen.

Was nicht heißt, daß uns die Zukunft nicht weiter in Atem hält und immer wieder neue Visionäre sich an ihr versuchen, Auguren, Seher, Wahrsager, Astrologen, in zeitgenössischer Version: Futurologen. Sie verleihen der Zukunftsdeutung die akademische Würde, was gleichzeitig zu erhöhter publizistischer Aufmerksamkeit führt: Denn wissenschaftliche Vorhersagen eignen sich für «seriöse» Berichterstattungen weit besser als die Erkenntnisse aus der Glaskugel oder dem Kaffeesatz, den Sternen oder – wie es nun gerade in Mode ist – dem Mond.

Alvin Toffler und Herman Kahn: Pioniere eines neuen Literaturgenres

Noch besser aber eigneten sich die mutigen Visionäre, die die akademische Zukunftsforschung sowie vielfältige andere Erkenntnisse zusammenfügten und in ausgreifenden enzyklopädischen Werken für den Gebrauch des intellektualistischen Partygeplauders in den Busineß-Salons verdichteten: die Trendforscher.

Eines der erfolgreichsten Bücher dieses Genres erschien vor gut einem Vierteljahrhundert: «Future Shock» von Alvin Toffler. Sein Inhalt ist nicht angemessen zu beschreiben, denn er umfaßt alles. Der Kerngedanke besteht darin, daß die Menschen mit dem ausufernden Angebot an Möglichkeiten, mit dem *over-choice*, nicht mehr zu Rande kommen und daß der Wandel sie irritiert. Toffler sah einen beängstigenden Zusammenbruch unserer Anpassungsfähigkeit voraus. Die Tragik lag nach seiner Auffassung allerdings darin, daß es unmöglich sei, präzise Aussagen über die Zukunft zu treffen. Dies sei jedoch kein Grund, über die Zukunft zu schweigen. «Wo harte Daten verfügbar sind», schreibt Toffler im Vorwort, «müssen sie natürlich in Betracht gezogen werden. Wo sie jedoch fehlen, hat der verantwortliche Schriftsteller, ja sogar der Wissenschaftler, sowohl das Recht als auch die Verpflichtung, sich auf andere Formen der Evidenz zu beziehen, impressionistische oder anekdotische Befunde und die Meinungen von gut informierten Menschen inklusive. Ich habe durchweg so gearbeitet und entschuldige mich keineswegs dafür.»

Dieses Buch und dieses Motto dürfen als zündende Elemente für ein bestimmtes Genre der Sachliteratur gelten: impressionistische Futurologie. Das hört sich gut an und kaschiert die Methode: Beispiele zu sammeln, die in ein vorgefaßtes Bild von der Zukunft passen. Toffler war einer der ersten weltweit berühmten Autoren und Berater, die ihre Erfahrungen, Einsichten, Lesefrüchte, Zettelsammlungen, Gesprächsergebnisse und Phantasien zu spektakulären Werken verdichteten, deren Titelbegriff um die Welt ging. Die heutigen Stars der Szene müssen sich inspiriert gefühlt haben: John Naisbitt, der zu Zeiten von Tofflers erster globaler Prominenz noch erfolglos versuchte, eine Karriere als Unternehmensberater aufzubauen; Gerd Gerken, der in Berlin schon den postmodernen Geist pflegte, als er gleichzeitig gegen Springer demonstrierte und als Berater der Berliner Polizei arbeitete, wenig später die 1979 gescheiterte Werbeagentur OTW gründete; Gertrud Höhler, die zu diesem Zeitpunkt gerade über das Bibelzitat bei Wilhelm Raabe promovierte; und Faith Popcorn, die erste Schritte in ihrer New Yorker Werbeagentur Smith Greenland unternahm.

Die Faszination steigerte sich, als Toffler wirksam nachlegte. Zweimal noch, jeweils im Abstand von zehn Jahren, produzierte der Autor des Weltbestsellers «Future Shock» Aktualisierungen: «The Third Wave» (deutsch: «Die Zukunftschance») 1980 und «Powershift» (deutsch: «Machtbeben») 1990. Die Bücher umfassen den Zeitraum von 1950 bis 2025, die Spanne eines Lebens von 75 Jahren also. Wie immer die enzyklopädische Sammlung an Daten, Anekdoten und Impressionen zu bewerten ist: die Bücher wurden zum Bestandteil der Planungen in Regierungen und Unternehmen. Toffler wurde zum Dollarmillionär.

Scheitern konnte er nicht. Denn die Methode, mit Wahrscheinlichkeiten, Szenarien, Projektionen und Wünschen zu argumentieren, läßt kein Scheitern zu – ebensowenig der Ausgangspunkt, daß wir in einer Welt des rasenden Wandels leben. Für die westlich geprägte, intellektuellen Spielereien aufgeschlossene Leserklientel ist es immer attraktiv, sich in einer Umbruchzeit zu wähnen, die moderne Version der Kanonade von Valmy zu erleben, in einem historischen Moment dabeigewesen zu sein, vielleicht sogar in der einen oder anderen Hinsicht prägend.

Eher auf harte Fakten verließ sich, zumindest nach eigener Aussage, ein zweiter Vater der populärliterarischen Zukunftsdeutung: Herman Kahn. Dem 1922 geborenen Sohn mittelloser jüdischer Einwanderer in die USA wurde ein Intelligenzquotient von 200 nachgesagt. Seine Betätigungsfelder waren zunächst die angewandte Mathematik und die visionäre Kriegsführung. Im Jahr 1961 entwickelte Kahn das Konzept der sogenannten «Doomsday Machine», die den Planeten in die Luft jagt, wenn sich ein Angreifer existenzbedrohend nähert. Wenig später gründete er das Hudson-Institut, das Zukünfte produzierte. Seine Bücher wurden ebenfalls Bestseller.

Bedauerlicherweise lagen die Prognosen des Übergenies mitunter trefflich daneben, zum Beispiel, was die Entwicklungen in Frankreich und Deutschland betraf. Der Optimismus, der später zur *trademark* John Naisbitts wurde, brach sich an den Wirklichkeiten. Statt der kontinuierlich sinkenden Energiepreise, wie

Kahn es voraussah, schossen die Kosten in den siebziger Jahren unkontrolliert in die Höhe und versetzten die Weltwirtschaft zweimal in eine veritable Panik. Die Sorge um die Überbevölkerung sei völlig unbegründet, schrieb Kahn, weil mit wachsendem Wohlstand die Geburtenrate zurückgehe. Nicht einmal bei 15 bis 20 Milliarden Menschen auf dieser Welt gebe es Energieknappheit, allenfalls temporäre Versorgungsschwankungen. Auch die Sorge um Nahrungsmittel- und Rohstoffknappheit sei unbegründet. Alle Probleme seien «Wachstumsschmerzen des Erfolgs».

Mit dieser rosigen Weltsicht kam Kahn zusehends in Bedrängnis. Anfang der achtziger Jahre geriet das Hudson-Institut in finanzielle Schwierigkeiten und wurde vom österreichischen Motivforscher und Unternehmensberater Ernest Dichter übernommen. Herman Kahn, der Zukunftsforscher, starb, wie das Munzinger Archiv so trefflich formuliert, «unerwartet» im Juli 1983 an einem Herzinfarkt.

Die beiden Beispiele sind lehrreich: Toffler stand und steht für impressionistisch ausschweifende generelle Bestandsaufnahmen des Zustands dieser Welt, vermischt mit einer flächendeckenden Wiederholung altbekannter Selbstverständlichkeiten, beispielsweise über die neue Macht der Dienstleistungsindustrien und die Verlagerung der Arbeitsplätze, über die Gefährlichkeit der Machtzusammenballung und die gleichartige Gefährlichkeit der zu geringen Machtkonzentration. Tofflers «Machtbeben» bietet, wie es schon «Future Shock» und «Third Wave» tun, intelligente Übersichten über die populären Wissensbestände der Zeit. Allerdings in einer enzyklopädischen Breite, die zwei Fragen provoziert:

Woher weiß er das alles?

Und wie kann er sich auf so verschiedenen Feldern wie Politik und Wirtschaft, Technik und Kultur, Geschichte und Psychologie und vielen anderen ein ernst zu nehmendes Urteil bilden?

Vielleicht ist es aber gerade diese ausufernde Vielfalt, die vorgeblich ganzheitliche Betrachtung, die den Reiz solcher Bücher ausmacht, einen Reiz übrigens, den wir aus modernen Massenmedien gewohnt sind. Auf 30, 45, 70 Kanälen und in ungezählten Tiefdruck-Magazinen, Zeitungen und Specials läßt sich alles über die Welt erfahren, mit feuilletonistischen Überschriften und bunten Anekdoten, attraktiven Beispielen, prominenten Testimonials, Statistiken, eingestreuten Zahlen, historischen Analogien, wissenschaftlichen Einsprengseln, hübschen Formulierungen («Zukunftsschock!»), sachkundigen Informanten, Zeitzeugen und nachgespielten Dokumentationen, dramatischer Bebilderung und häppchenartiger Systematik. Wer «Machtbeben» kauft, hat ein Kompendium universellen Halbwissens über Wirtschaft und Politik in der Hand.

Kahn steht für eine andere Tradition: Sein Metier war die Präzision. Er formulierte konkrete Voraussagen für Frankreich oder Deutschland, für Japan und Australien – mit desaströsen Konsequenzen. Denn die Voraussagen waren konkret zu überprüfen. Und vieles zeigte sich eben in der Wirklichkeit in anderem Licht. Die Toffler-Methode scheint, zumindest was den langfristigen publizistischen Erfolg der Beraterindustrie betrifft, ergiebiger. Vor allem deshalb, weil sie der Charakteristik der modernen Dienstleistungsgesellschaft entspricht: anzubieten, was die Nutzer selber auch könnten. Da aber die Zeit zum eigenen Gespräch und Informationsaustausch fehlt, wird delegiert. Vor-Lesungen avancieren zu einem eigenen Dienstleistungssektor.

Daß dabei, wie es immer wieder von Kritikern der Beratungsgilde formuliert wird, nichts Neues zustande kommt, ist nebensächlich, vermutlich sogar Prinzip. Denn das vermittelt den Auftraggebern, die 40000 bis 50000 Mark für den Auftritt der modernen Auguren zahlen, das Gefühl der Sicherheit. Sie erhalten gegen Honorar eine Ordnung dessen, was sie immer schon wußten, und das beruhigende Gefühl, nicht allzuviel übersehen zu haben. Das ist wichtig, weil in der weltweit sich dramatisch ausdifferenzierenden Konkurrenz auf gleichen Sektoren die Geschwindigkeit der Produktinnovationen zu- und die Zeit, sich mit vermeintlichen oder tatsächlichen Entwicklungen zu beschäftigen, abnimmt. Klassische Marktforschung wird schon obsolet, bevor sie beendet ist, weil sich der Markt bereits ändert, während der Computer die Ergebnisse systematisiert. Und da ständig neue Tricks und Taktiken, Managementstrategien und Konzepte der Unternehmensführung, Motivationsideen und Organisationsmodelle in Umlauf geraten, gerät vor allem das mittlere Management unter Qualifikationsdruck. Denn die Mitglieder dieser Busineß-Schicht stehen zudem noch in harter Konkurrenz zu ihren Altersgenossen, da sie Mitglieder der geburtenstarken Jahrgänge sind. Von unten drängt zugleich die Jungschar, zwar zahlenmäßig weit schwächer, dafür aber um so wilder auf eine Karriere. Das Gerede von der chancenlosen *Generation X* scheint derzeit überaus beflügelnd auf die Motivation des Nachwuchsmanagements zu wirken und – wie es ja nicht verwunderlich ist bei lautstark publizierten Trends – auch einen Gegenentwurf zu produzieren.

Und so ist eines der stets wiederkehrenden Argumente in den Fibeln und Bibeln der Schamanen und Gurus der Trendindustrie, daß die Konkurrenz wachsam sei und die Lektüre der Bücher sowie die Konsultation der jeweiligen Trendberater einen Vorsprung einräume. Logisch ist das nicht, wie der Reichweitenerfolg der Bücher, die Menge der Vorträge und die Verbreitung des Vokabulars nahelegen. Denn die Weisheiten der Trendberater werden durch die vielfältige Verbreitung zum Allgemeingut. Und die Hast, mit der sie von einem Kunden zum nächsten eilen, um jeweils «exklusive» Beratungen zu leisten, müßte doch eigentlich die einzelnen Abnehmer dieser Dienstleistungen unruhig machen: Wo ist der Konkurrenzvorteil, wenn jeder die geistigen Dienste kaufen kann? Aber Logik ist nicht das Problem. Dieses Tourneetheater lebt von einer ganz anderen Attraktion:

Es hat sich unentbehrlich gemacht, gerade weil seine Vorstellungen jedem jederzeit verfügbar sind. Gerade weil das Vokabular so selbstverständlich auch von den Medien übernommen wird: *Cocooning*, eine Kreation aus der New Yorker Firma der Faith Popcorn, tausendfach in wichtigen und weniger wichtigen Gazetten als gegeben hingenommen; die *Generation X*, ebenso selbstverständlich wie zuvor die *Yuppies* und ebenso unüberprüft zum vulgärsoziologischen Jargon der Publizistik avanciert; *Rezessionskultur, neue Bescheidenheit, fraktaler Markt, Corporate culture, visionäres Management* – Wörter als Massenware, eingefügt in die Beiträge mit vorgeblich analytischem Charakter. Die Dinge verselbständigen sich: Weil sie so oft gesagt werden, müssen sie richtig sein. Oft sind sie auch richtig – nur so pauschal, daß sie im Alltag eines Unternehmens erst mühsam adaptiert werden müßten. An der Oberfläche bleibt indes oft der Eindruck des genialischen Entwurfs. So verbreiten sich die Begriffe im Kapillarsystem der Medien, die sich damit zu gefügigen Multiplikatoren eines Millionen-Dollar-Geschäfts machen. Ihr Sammelbegriff: Trend-Forschung, das Wort des Jahrzehnts, Verdichtung und Anspruch auf vorauseilende Wirklichkeitsdefinition.

Das nämlich ist der wichtigste Rohstoff des Beratungserfolgs der öffentlichen Konsulenten: den Wettlauf um die Definitionsmacht zu gewinnen, einen Begriff zu kreieren, der mit ihnen identifiziert wird. Das steigert den Marktwert des Namens und der jeweils assoziierten Beratungsfirma, heiße sie nun Trendbüro, BrainReserve oder Institut für Trendforschung.

Strategie und Absicht dieses Buches

Dieses Buch betrachtet die Szene der Trendforscher von einer weniger faszinierten und mit Bedacht kritischen Seite – und zwar nach einer ausgiebigen Lektüre der Megaseller «Megatrends» und «Spielregeln für Sieger», «Trendzeit», «Trendbuch 1» und «Trendbuch 2», «Trends für das Jahr 2000», «Megatrends 2000», «Global Paradox», «Trends 2015» und wie sie sonst noch heißen mögen, nach dem Studium ungezählter Kolumnen der Berater-Stars und Interviews über jedes auch nur erdenkliche Thema – Atomkraftwerke, Europa, Autoindustrie, China, Marktentwicklungen und Chaosforschung (immer wieder Chaosforschung), nach jeweils «Ersten» Trendtagen in Frankfurt und Hamburg und ungezählten weiteren Trendpodien, der unausgesetzten Provokation in buchstäblich Hunderten von Artikeln, Notizen und willfährigen Rezensionen in allen auch nur erdenklichen Zeitschriften aller erdenklichen Branchen. Sie sind immer schon da, und sie sind immer wieder mit den altbekannten Einsichten da – die Stars des Beratungsgewerbes, die erzählen, wie es gemacht wird. Sie bleiben zwar nie, sanieren nie eine Firma, die Dichtungsringe herstellt oder Kabelbäume, Industriemineralien fördert oder Toner für Kopiergeräte mischt, Dessous zusammennäht oder Prozessoren für Computer entwickelt. Sie bieten nicht einmal eine Differenzierung nach Branchen an. Mikroelektronik? Ernährungsindustrie? Medizintechnik? Finanzdienstleistungen? *Small scale services*? Mischkonzerne? Handelsketten? Biotechnik? Werkzeugmaschinen? Raumfahrt? Flugzeughersteller? Chemie? Gibt es da nicht Unterschiede in den Trends? Demographische, technische, marktpolitische, regionale, organisatorische Unterschiede? Mit Einzelheiten hält man sich nicht auf. Einzelheiten sind Dinge des Alltags. Und der Alltag ist nicht die Sache der Visionäre.

Einige wenige haben sich in einer schier unendlich vielfältigen Konkurrenzsituation an die Spitze gekämpft. Wie vielfältig besetzt, zeigt das folgende erste Kapitel, das einen kleinen Ausschnitt aus den konkurrierenden Angeboten der Trendberatungen für ein offensichtlich unfähiges Management bietet – offensichtlich unfähig deshalb, weil die Flut der beratenden

Bücher nur diesen Schluß zuläßt: Es herrschen Defizite, die Zeit halbwegs intelligent zu organisieren, Mitarbeiter zu motivieren, die gesellschaftlichen Entwicklungen und die Märkte zu durchschauen, der Konkurrenz angemessen zu begegnen oder einen verständlichen Kommunikationsprozeß zu organisieren, von der Formulierung eines Unternehmensleitbildes ganz zu schweigen. Wenn nicht ein enormer Bedarf herrschte, wozu wurden sonst all diese Bücher geschrieben, die sich in den einschlägigen Buchhandlungen stapeln? Irritierend ist dabei vor allem eines: Die Zahl der gleichartigen Produkte steigt, mit ihr die Unübersichtlichkeit und die Schwierigkeit der Auswahl.

Am Ende bestimmt wie auf jedem Markt verwechselbarer Güter die irgendwie irrational oder emotional zustande gekommene Markenmacht eines Namens, ob man zugreift oder nicht. Diese Markennamen sind Gegenstände der dann folgenden Kapitel über John Naisbitt und seine Frau Patricia Aburdene, über Faith Popcorn, Gerd Gerken, Gertrud Höhler und schließlich eine Reihe von weiteren Aspiranten, die aus der zweiten Reihe nachstoßen und versuchen, im einträglichen Geschäft der Trendberatung Fuß zu fassen. Sie müssen sich beeilen. Denn es scheint, daß die «Trendzeit» sich ihrem Ende zuneigt. Immer häufiger wird gerade dies kritisiert: die mangelnde Umsetzungsmöglichkeit der schönen Worte im Alltag des einzelnen Unternehmens.

Wie Trends entstehen, wie sie publizistisch konstruiert und gleichsam aus der Wirklichkeit destilliert werden, zeigen die Kapitel über die Entstehung und den Niedergang eines Typus, den es eigentlich nie gab, der aber mit seinem Vermächtnis bis heute die Stilistik unserer Gesellschaft nachhaltig prägt: des *Yuppies*. Er ist eine Marketingerfindung, ein Trend, der aus dem Geist der Konsumstrategen entstand. Die weiteren Kapitel zeigen, wie dieses Vermächtnis und seine demographische Grundlage sich heute ausnehmen.

Eines wird dieses Buch nicht bewerkstelligen – selber Trends zu formulieren. Da bleibt es bei Tofflers Einsicht: Man kann die Zukunft nicht vorhersagen. Man kann sie allenfalls in Szenarios fassen und gemeinsam darauf hinarbeiten, daß das Schlimmste verhütet und das Beste realisiert wird.

KAPITEL 1

Ratgeber: Der neue Trend in der Wirtschaftsliteratur

Im Labyrinth der Fachbuchbibliothek

Dieses Kapitel ist eine Zumutung. Es muß eine Zumutung sein, denn das, was es beschreibt, ist ebenfalls eine: der unüberschaubare Wust an Literatur über Managementprobleme, Marktunsicherheiten, neue Trends und Praktiken, Tricks und Strategien, Persönlichkeitsbildung, Gedächtnistraining, Mitarbeitermotivation, Lern-, Denk- und Arbeitstechniken, über den Kampf mit der schwindenden Zeit in unserer sogenannten schnellebigen Epoche und die Gestaltung des Betriebsklimas, das heute in modisch verwirrendem Anglizismus *Corporate culture* heißt.

Als das Betriebsklima noch Betriebsklima genannt wurde, hatte jeder eine Vorstellung davon, was gemeint war. Es wurden Betriebsausflüge unternommen, Weihnachtsfeiern inszeniert und zu Dienstjubiläen goldene Uhren verteilt. Offensichtlich sind diese Strategien nicht mehr ausreichend. Denn *Corporate culture* – oder auch eingedeutscht: *Unternehmenskultur* – legt eine weit umfassendere Bedeutung nahe. *Kultur* ist zu einem ethnologischen – oder um es wiederum im modischen Vokabular der neuen Managementlehren zu formulieren –, zu einem *ganzheitlichen* Begriff geworden. Er umfaßt alles, was ein Unternehmen und seine Umwelt ausmacht. *Kultur* ist ein undurchsichtiges Konglomerat von unendlich vielen vernetzten Elementen. Überall lauern Fehlerfallen, in die man trotz bemühten Bestrebens hineingeraten kann. Und je häufiger über *Unternehmenskultur* gesprochen und geschrieben wird, über neue *Führungsstile, Managementtaktiken, Bürokommunikation, Motivation, Ethik,*

Erfolgsfaktoren, Corporate identity, Mega-, Meta- und sonstige *Trends, Fragmentierung der Märkte, Vernetzung* und *Ganzheitlichkeit, neue Bescheidenheit, Multioptionalismus, Chaostheorie* und *Rezessionskultur*, desto undurchsichtiger wird der Weg in die Zukunft. Wo unüberschaubar viele Lösungsversuche und Strategien angeboten werden, wächst die Unsicherheit. Es ist wie beim Grippeanfall, den man unvorsichtigerweise öffentlich kundtut – vierhundertundzwei Hausmittel werden von fürsorglichen Mitmenschen genannt.

Vage also ahnen die Verantwortlichen der Unternehmen, daß die *Corporate culture* ein höchst kompliziertes (Fachleute sagen auch mit diesem wissenden Augenaufschlag: komplexes) Phänomen darstellt und daß sie irgendwie strategisch gepflegt, «gelebt» werden muß. Es sei denn, man verwaltet eine Publikumsgesellschaft, deren Aktionäre mit Kultur nichts und mit Dividende alles im Sinn haben. Da wird dann Reengeneering betrieben. *Unternehmenskultur* ist ein Gebilde für die Überlebenden.

Eine opulent ausufernde Beratungsindustrie lebt also von Vorschlägen, Unterweisungen, Trainingsangeboten, Coachings, Seminaren und Fibeln. Managerinnen und Manager, die sich gelegentlich in den einschlägigen Abteilungen der Buchhandlungen bewegen, werden beunruhigt die überbordende Fülle an Aufklärungen zur Kenntnis nehmen und sich wie in der geheimnisvollen Bibliothek des norditalienischen Klosters wähnen, die Umberto Eco in seinem Roman «Der Name der Rose» als kabbalistisches Labyrinth anlegte.

Dabei geht es nicht einmal um die große Zahl fach- und sachbuchartiger Darstellungen der neueren wissenschaftlichen Befunde der akademischen Betriebswirtschaftslehre, des Rechnungswesens, auch nicht um innovative Konzepte wie Franchising oder Beratungen auf dem Sektor des Leasings oder um neue Steuergesetze. Es steht außer Frage, daß auf diesen Gebieten wie auch im Controlling, in der EDV-Applikation für das Bürowesen oder in den neuen Herausforderungen durch die Außenhandelskontakte Aktualisierungen des Wissensstandes notwendig sind. Da gibt es klare Antworten. Und es gibt sinnvolle Seminarangebote, Beratungen und Spezialisten. Nur wenn es um die Gestaltung eines motivierenden Alltags im Betrieb geht, wird die Literatur unübersichtlich, vage, schwer durchschaubar – so plausibel die These sein mag, daß der gesellschaftliche Struktur- und Wertewandel neue Methoden des Managements fordert, und zwar – wie gesagt – nach der Verschlankung.

Das Problem ist nur, daß jede Managerin und jeder Manager in konkreten Situationen eines konkreten Unternehmens handeln muß. Daß mit Traditionen umzugehen ist, mit besonderen historischen Gegebenheiten also; daß es bestimmte Menschen in einer bestimmten Region sind, die diese *Kultur* durch ihre *Kommunikation* prägen. Und vielleicht mögen diese Menschen Betriebsfeste und die Verleihung von goldenen Uhren zum 25jährigen Dienstjubiläum und die seit hundert Jahren absolvierte Feier zum Fest der heiligen Barbara, auch wenn sie sich in der modischen Beratungsliteratur ausnehmen wie herkömmliche Waschmittel in einem Markt neuer blendender Marken: antiquiert, rückständig, gestrig. Nicht trendgerecht.

Unsicherheiten machen sich breit.

Also greift man zur Literatur.

Aber zu welchem Buch? Zu welchem Autor? Wie ist aus den Tonnen bedruckten Papiers das richtige Werk herauszufinden?

Es ist eine Zumutung.

Einige aus eintausendsiebenhundert

Die folgende Liste ist in Zusammenarbeit mit der Hamburger Wirtschaftsbuchhandlung Thalia entstanden. Die kurzen Charakterisierungen sind so formuliert, wie sie ein vorübergehender Betrachter aus Untertiteln und Klappentexten zur Kenntnis nehmen würde. Eine Wertung ist nicht beabsichtigt. Was hilfreich sein könnte, was richtungweisend, was bloße Scharlatanerie und heiße Luft, ist nicht erkennbar. In dieser Liste ebensowenig wie in der Buchhandlung. Die Zusammenstellung ist eine Zufallsauswahl aus etwa 1700 Wirtschaftstiteln. Vorrangig sind die Bereiche berücksichtigt, die sich aus dem Struktur- und Wertewandel der sogenannten Unternehmenskulturen und der neuen Managementstile, der persönlichen Strategien für Erfolg und der Erkenntnis ergeben, daß Arbeit auch Kommunikation ist – Kommunikation der Mitarbeiter untereinander, Kommunikation der Hierarchien, Kommunikation des Unternehmens mit den Kunden. Nicht berücksichtigt sind die vielfältigen Ratgeber und eher fachlichen Werke über Lean Production, Projektmanagement, Unternehmensorganisation, Personalmanagement, Rechnungswesen, Logistik, Public Relations und Werbung, Verkauf, Rhetorik, Mobbing, Unternehmensgründung, Betriebswirtschaft, Materialwirtschaft, Controlling, Leitfäden für Bewerbungsgespräche, Außenhandel, interkulturelles Management, Jointventures.

Titel	Autoren	Verlag / Jahr	Kurzcharakteristik
Technotrends	D. Burrus/ R. Gittiness	Ueberreuter 1994	24 Technologien, die unser Leben revolutionieren werden
Jenseits des Egoismus-Prinzips	A. Etzioni	Schäffer-Poeschel 1994	Ein neues Bild von Wirtschaft, Politik und Gesellschaft
Die neue Weltwirtschaft	R. B. Reich	Ullstein 1993	Das Ende der nationalen Ökonomie
Wirtschaft vor dem Abgrund	M. Wermter	Orell Füssli 1993	Wege aus der Rezession

Titel	Autoren	Verlag / Jahr	Kurzcharakteristik
Aufbruch zur Überlegenheit	R. Berth	Econ 1994	Ende des linearen Denkens. 50 Prozent Innovation ab morgen. Wie Sie 50 Prozent Ihrer Vermarktungskosten sparen können
Change-Management	R. Czichos	Reinhardt 1993	Konzepte, Prozesse, Werkzeuge für Manager, Verkäufer, Berater, Trainer
Creativität & Chaos-Management	R. Czichos	Reinhardt 1993	Wege aus Managementkrisen
Das virtuelle Unternehmen	W. H. Davidow / M. S. Malone	Campus 1993	Der Kunde als Co-Produzent
Der Samurai Faktor	A. Drosdek	Langen-Müller 1994	Durch Chaosmanagement aus der Krise
Quantensprung	A. A. Grässle	C. H. Beck 1993	Durch Veränderungsmanagement zur Unternehmensidentität
Management des Wandels	J. M. Kobi	Haupt 1996	Die weichen und die harten Bausteine erfolgreicher Veränderung
Evolutionäres Management	E. Lazlo u. a.	Paidia 1992	Globale Handlungskonzepte
Zukunft im Kopf	K. M. Magyar / P. Prange	Haufe 1993	Wege zum visionären Unternehmen

Titel	Autoren	Verlag/Jahr	Kurzcharakteristik
Outsmarting	J.J. McGonagle/ C.M. Vella	Schäffer-Poeschel 1994	Wie man der Konkurrenz ganz legal in die Karten schaut
Benchmarking	J. Meyer	Schäffer-Poeschel 1996	Spitzenleistungen durch Lernen von den Besten
Die MOP-Formel	A. Preis	Gabler 1994	Erfolgsstrategien für dynamische Unternehmer
Das Semco System	R. Semler	Heine 1993	Fallstudie: Management ohne Manager
50 Ein-Minuten-Tips für erfolgreiche Kommunikation	P. Bozek	Ueberreuter 1992	Die neue Linie im Busineß
Schneller, besser, anders kommunizieren?	G. Grote	Teubner 1993	Die vielen Gesichter der Bürokommunikation
Aufschwung durch Kommunikation	B.v. Mutius/ P.E. Grossklaus	MI 1993	Erfolgskonzepte für das Management der Zukunft
QFD – Quality Function Deployment	Y. Akao	MI 1992	Wie die Japaner Kundenwünsche in Qualitätsprodukte umsetzen
Total Quality Management	H.U. Frehr	Hanser 1994	Unternehmensweite Qualitätsverbesserung. Ein Praxisleitfaden für Führungskräfte

Titel	Autoren	Verlag/Jahr	Kurzcharakteristik
Der Mit-arbeiter im Total Quality Management	R. Bühner	Schäffer-Poeschel 1993	Technik und Wirtschaft – integriertes Management
Qualität 2000	P. B. Crosby	Hanser 1994	Kundennah, team-orientiert, umfassend: «Completeness» in deutscher Ausgabe
Quality Circle und Lernstatt	J. Deppe	Gabler 1993	Ein integrativer Ansatz
Der schnelle Weg zur Qualität	R. Tunks	Hanser 1994	Ein 12-Monats-Programm für kleine und mittlere Unternehmen
Der neue Juran	J. M. Juran	MI 1993	Qualität von Anfang an
Die Hohe Schule des Total Quality Management	G. F. Kamiske (Hrsg.)	Springer 1994	Qualifizierte Persönlichkeiten vermitteln den derzeitigen Wissensstand
Unternehmens-qualität	K. Kottmann (Hrsg.)	Teubner 1993	Überblick über die Erfolgsfaktoren eines Unter-nehmens
Brennpunkt TOM	C. Malorny/ C. Kasse-bohm	Schäffer-Poeschel 1994	Rechtliche Anforderungen; Führung und Organisation; Auditierung und Zertifizierung

Titel	Autoren	Verlag / Jahr	Kurzcharakteristik
Total Quality Management	A. Oess	Gabler 1993	Die ganzheitliche Qualitätsstrategie
Total Quality Management	A. Toepfer / H. Mehdorn	Luchterhand 1995	Anforderungen und Umsetzung in Unternehmen
Qualität als Management-aufgabe	K. J. Zink	MI 1994	Total Quality Management
Wien wartet auf Dich!	T. DeMarco / T. Lister	Hanser 1991	Der Faktor Mensch im DV-Management
Wir und ich	U. Schubert / G. Schubert	Deutscher Sparkassen-verlag 1994	Produktive Team-arbeit und Konflikt-bewältigung
Amerikani-sches Keiretsu	D. Burt / M. Doyle	Econ 1994	Die neue Waffe zur Kostensenkung
Kaizen	M. Imai	Langen-Müller 1991	Der Schlüssel zum Erfolg der Japaner
Die Japan-Diät	I. Kobayashi	MI 1994	120 Schritte zum schlanken Unternehmen
Die Fraktale Fabrik	H.-J. Warnecke	Rowohlt TB 1996	Revolution der Un-ternehmenskultur
Der Minuten-Manager	K. Blanchard / S. Johnson	Rowohlt TB 1996	Tips und Tricks
Eine Minute für mich	S. Johnson	Rowohlt TB 1996	Streßbewältigung
Das Minuten-Verkaufstalent	S. Johnson / L. Wilson	Rowohlt TB 1996	Verkaufstraining
Der Minuten-Manager: Führungsstile	K. Blanchard / P. Zigarmi / D. Zigarmi	Rowohlt TB 1996	Mitarbeiterführung

Titel	Autoren	Verlag/Jahr	Kurzcharakteristik
Der Minuten-Manager und der Klammeraffe	K. Blanchard/ W. Oncken Jr./ W. Burrows	Rowohlt TB 1996	Effektives Zeitmanagement
Der Minuten-Manager: Fitness	K. Blanchard/ D. W. Edington/ M. Blanchard	Rowohlt 1987	Gesundheitsprogramm für Mitarbeiter
Der Minuten-Manager schult Hochleistungs-Teams	K. Blanchard/ D. Carew/ E. Parisi-Carew	Rowohlt TB 1996	Wie aus einem «wilden Haufen» ein Spitzenteam wird
Das Memo-Management	R. Khadem/ R. Lorber	Rowohlt 1988	Organisation von Papierflut
I Ging für Manager	G. Damian-Knight	Heyne 1995	Entscheidungsfindung und Unternehmensstrategie mit dem alten chinesischen Orakel
Das Ende der Hierarchien?	R. Diehl	Junfermann 1993	Der Geist der neuen Führung
Wie man sich Feinde schafft	R. Lay	Econ 1994	Ein Plädoyer gegen Gewalt
Die 6 Erfolgsfaktoren des Unternehmens	K. Nagel	MI 1993	Strategie, Organisation, Mitarbeiter, Führungssystem, Informationssystem, Kundennähe
Jenseits der Hierarchien. Liberation Management	T. Peters	Econ 1992	Management im Mittelstand

Titel	Autoren	Verlag/Jahr	Kurzcharakteristik
Kreatives Chaos	T. Peters	Hoffmann & Campe 1988	Die neue Managementpraxis
Power Management	J. Pfeffer	Ueberreuter 1992	Wirkungsvoll führen
Der Plus-Minus-Manager	J. Wareham	Haufe 1993	Welche Qualitäten brauchen Führungskräfte
Führen lernen	W. Bennis	Heyne 1996	Tips für Führungskräfte
Chefbrevier	M. Birken-bihl	MI 1992	Geheimnisse erfolgreicher Führungskräfte
Zack!	W. C. Byham/ J. Cox	MI 1993	Der Blitzschlag von Motivation und Begeisterung
Der Superboss	D. Free-mantle	mvg 1990	Checklisten zur besseren Mitarbeiterführung
Die fünfte Dimension der Führung	R. Mann	Econ 1993	Der Faktor Persönlichkeit
Dreidimensio-nal führen. Mit Verstand, Gefühl und Intuition	P. Müri	Ott 1990	Zwei Bände: 1. Grundlagen 2. Anwendungen
Führungsjudo	P. S. Pütter	Datakontext Verlag 1991	Die menschliche Komponente in der Führung
Mythos Motivation	R. K. Sprenger	Campus 1996	Wege aus einer Sackgasse

Titel	Autoren	Verlag / Jahr	Kurzcharakteristik
Machtspiele für kleine Teufel	H. Drummond	MI 1994	Mit List und Tücke an die Spitze
Integriertes Eventmarketing	W. Kinnebrock	Gabler 1993	Vom Marketing-Erlebnis zum Erlebnis-Marketing
Guerilla Marketing	J. C. Levinson	Campus 1992	Offensives Werben für kleinere Unternehmen
Guerilla Marketing für Fortgeschrittene	J. C. Levinson	Campus 1994	50 goldene Regeln
Die 22 unumstößlichen Gebote im Marketing	A. Ries / J. Trout	Econ 1994	Regelwerk für Strategien
Erlebnismarketing	P. Weinberg	Vahlen 1992	Tips und Beispiele
Das goldene Marktsegment	H. Meyer-Hentschel / G. Meyer-Hentschel	Deutscher Fachverlag 1991	Produkt- und Ladengestaltung für Senioren
Vom Flop zum Renner	M. Gershman	Campus 1993	Kreative Strategien des Remarketing
Produkte als Botschaften	H. Karmasin	Ueberreuter 1993	Einzigartigkeit und Unverwechselbarkeit von Produkten
Praxis des Design-Management	A. D. Little	Campus 1990	Verpackung als Produktidentität

Titel	Autoren	Verlag / Jahr	Kurzcharakteristik
Total Quality Service	K. Albrecht	Econ 1993	Neue Kundenorientierung
Service Total	W. H. Davidow/ B. Uttal	Campus 1991	Konkurrenzfähigkeit durch Kundendienst
Service entscheidet	J. Horovitz	Campus 1992	Wettbewerb um Kunden
Damit der Kunde König wird	K. A. Noble	MI 1996	Mehr Umsatz durch verbesserten Service
Ihr Kunde ist der Boß	R. Whiteley	Droemer Knaur 1995	Die kundenorientierte Firma
Die 1 : 1-Zukunft	D. Peppers/ M. Rogers	Haufe 1994	Strategien für individuelles Kundenmarketing
Corporate Identity	G. Achterholt	Gabler 1991	In zehn Arbeitsschritten die eigene Identität finden und umsetzen
Erfolgsfaktor Image	A. Demuth	Econ 1993	Entwicklung von Imagevorteilen
Corporate Policies	Handbuch	Econ 1992	Wie ein Unternehmen erfolgreich auftritt
Das CI-Dilemma	I. Keller	Gabler 1993	Abschied von falschen Illusionen
Quality Culture	S. G. Renner	Orell-Füssli 1994	Unternehmenskultur für die Zukunft
Erfolg	R. Berth	Econ 1995	12 Strategien für Überlegenheitsmanagement

Titel	Autoren	Verlag / Jahr	Kurzcharakteristik
Taktiken und Strategien erfolgreicher Menschen	E. d. Bono	MI 1995	Erfolgsfaktoren erkennen mit Checklisten
Der neue Manager-knigge	H. Commer	Econ 1994	Verhalten für persönlichen Erfolg
Personality Marketing	C. Ewert	Droemer Knaur 1996	Der Weg zum erfolg-reichen Menschen
Die Philo-sophie des Erfolges	N. Hill	Rentrop 1993	Weitere Ratschläge für erfolgreiches Verhalten
Das Geheimnis des Erfolgs	O. Mandino	Rentrop 1992	Noch mehr Ratschläge
Ab heute erfolgreich	A. R. Stielau-Pallas	Rentrop 1993	Sofortstrategien zur Konsolidierung des Erfolgs
Manieren & Karriere	R. Wrede-Grischkat	Gabler 1992	Verhaltensnormen für Führungskräfte
Hurra, ein Problem	B. Adriani	Gabler 1995	Kreative Lösungen im Team
BrainLand	M. Beyer	Junfermann 1992	Mind Mapping in Aktion
Stroh im Kopf?	V. F. Birkenbihl	Gabal 1995	Gebrauchsanwei-sung fürs Hirn
Edward de Bono's Denkschule	E. d. Bono	MI 1990	Zu mehr Innovation und Kreativität
Die sieben Wege zur Effektivität	S. R. Covey	Campus 1995	Ein Konzept zur Meisterung des beruflichen und privaten Lebens

Titel	Autoren	Verlag / Jahr	Kurzcharakteristik
Die Mokassins des Indianers	B. Gideon	Oesch 1996	Sich durchsetzen, ohne zu verletzen
Vitamine und Verträge	P. Rademacher / P. Kulbatzki	MI 1993	Das Fitneßprogramm für Manager
Brain Building	M. v. Savant / L. Fleischer	Rowohlt TB 1994	Das Supertraining für Gedächtnis, Logik, Kreativität
Anleitung zum ganzheitlichen Denken und Handeln	H. Ulrich / G. Probst	Haupt 1995	Die 7 Bausteine des ganzheitlichen Denkens
Optimales Zeitmanagement	G. Beyer / M. Beyer	Econ 1995	Richtiger Umgang mit der Zeit
Ich habe immer Zeit	C. Gaedemann	Ariston 1993	Zeit nutzen, Zeit sparen, Zeit haben
Time Power – Zeit gewinnen mit System	C. R. Hobbs	Sauer 1989	Ratschläge zum Zeitmanagement
Mehr leisten – weniger arbeiten	M. LeBoeuf	MI 1993	Doppelter Erfolg in der halben Zeit
Körpersprache für Manager	H. Rückle	MI 1992	Ohne Kommentar
Satanische Verhandlungskunst und wie man sich dagegen wehrt	W. Ruede-Wissmann	Langen-Müller 1993	Tricks gegen Übervorteilungen

Titel	Autoren	Verlag/Jahr	Kurzcharakteristik
Der kleine Macchiavelli	P. Noll/H. R. Bachmann	Pendo 1987	Tricks, andere zu übervorteilen

Die Botschaft dieser Buchtitel ist eindeutig: Manager sind sympathische Idioten. Nieten im Nadelstreif eben. Leute, die Führungsprobleme haben, die sich nicht benehmen können, für die Marketing ein Fremdwort ist und Total Quality Management eine Herausforderung galaktischer Dimension. Was den Umgang mit den Mitarbeitern betrifft, so ist im Vergleich mit den Managern offenbar jeder Feldwebel ein Motivationsgenie. Die Zeit zerrinnt ihnen zwischen den Fingern, und das trotz unglaublicher Time-Management-Systeme auf CD-ROM und Papier. Und daheim im Bett sind sie Nieten in Pyjamastreifen – wie wir eben wieder einmal bestsellertauglich aus amerikanischer Importliteratur von selbsternannten Sexberatern und modischen Nachrichtenmagazinen erfahren.

Schneisen durch den Dschungel der Beratungsliteratur

Wen immer es auf USA-Reisen in eine der dortigen Mega-Buchhandlungen verschlägt, wird den Eindruck gewinnen, daß es sich hier insgesamt wieder einmal um ein amerikanisches Phänomen handelt: sich die Alltagswelt in allen erdenklichen Facetten durch strategische Planung untertan zu machen. Viele der hier genannten Titel sind daher auch amerikanischen Ursprungs. Sie dokumentieren eine Art anerzogenen Nationalcharakter: Pragmatismus. Vor Jahrzehnten hob ein gewisser Dale Carnegie dieses Genre der modernen Lebenshilfe aus der Taufe und begründete eine literarische Tradition, deren Elaborate sich mit wenig Phantasie sämtlich auf ein Grundmotiv zurückführen lassen:

«How to succeed.» Gleich, ob es darum geht, Freunde zu gewinnen, Millionär zu werden, Gewicht zu verlieren, das Gedächtnis zu trainieren – es ist ein Brevier vorhanden, in dem Tricks und Tips zusammengefaßt sind. Die Welle dieser «Dale-Carnegie-Literatur» hat nun auch Europa erfaßt. Das ist einer der stärksten Trends, die es gegenwärtig zu verzeichnen gilt. Die eben angedeutete Vielzahl an Lösungsangeboten läßt das suchende Management allerdings in wirren Träumen, wenn nicht überhaupt schlaflos zurück. Und das am wohlverdienten Wochenende, weil meist nur dann Zeit ist, die Auslagen der Buchgeschäfte zu durchstöbern. In der Not wird man nun auf jene Angebote zurückgreifen, die durch bereits bekannte Namen auffallen, durch Namen, die in populären Zeitungen und Zeitschriften erwähnt wurden, die gut besuchte Vorträge gehalten haben, die international gehandelt werden wie Stars: eben Naisbitt, Popcorn, Gerken, Höhler, Horx, Chauvel und all die anderen. Damit bestätigt sich die Logik eines Unternehmenszweiges, der eine geradezu perfekte Markterschließungspolitik betreibt, indem er aus der Unsicherheit entsteht, die er selbst erzeugt. Wer könnte diese Unsicherheit besser kompensieren als die, die sie durchschaut, diagnostiziert, benannt und schließlich in Bestsellern unters Volk gebracht haben? So sind also auf bequeme Art und Weise Schneisen in den unübersichtlichen Dschungel geschlagen – und zwar von denen, die sich auf dem Markt der Problemdefinitionen am besten durchgesetzt haben; darunter am erfolgreichsten wieder von denen, die die rosigsten Lösungen anbieten; unter diesen schließlich vor allem vom Megaoptimisten John Naisbitt.

KAPITEL 2

Megaoptimismus: John Naisbitt

Der erste Trendbestseller

Fast hätte er es geschafft, daß allein mit seinem Namen ein neuer Industriezweig der nachindustriellen Gesellschaft verbunden worden wäre, wenn nicht im Zuge des wichtigsten Trends des ausgehenden 20. Jahrhunderts – der nuancierten Imitation von Erfolgskonzepten – allerlei Epigonen, Imitatoren und Trittbrettfahrer den Reiz der Naisbitt-Methode für schnellen Reichtum entdeckt hätten: John Naisbitt, Erfinder des Begriffs «Megatrend». Faith Popcorn zum Beispiel trat erst im Gefolge des Naisbitt-Supersellers «Megatrends» auf und nutzte den Windschatten der Begeisterung für die neuen Trendprognosen zu blumigen Eigenbauten. Das war in der Mitte der achtziger Jahre, als das Interesse am weltweit acht Millionen Mal verkauften Naisbitt-Report «Megatrends» ein wenig erlahmte und man neue unterhaltsame Zukunftsvisionen brauchte. Nicht zuletzt deshalb, weil in ungezählten Interviews von Naisbitt immer wieder dieselben zehn Trends rezitiert wurden, deren erster diese bahnbrechende Einsicht in Worte faßte:

• Aus der Industriegesellschaft wird eine Informationsgesellschaft.

Was gab es sonst noch Neues?

• Wir bewegen uns in einer Doppelwelt von High-Tech und High-Touch, was bedeutet, daß jede technologische Lösung durch einen kompensatorischen menschlichen Faktor ergänzt wird.

• Der Luxus, innerhalb eines isolierten, selbstgenügsamen Systems der nationalen Volkswirtschaft zu leben, wird ersetzt durch die Globalisierung der Wirtschaft.

- Die Gesellschaft verliert die Hektik kurzfristiger Entscheidungskriterien und basiert immer mehr auf langfristigen Planungen und Bezugsrahmen.
- Sowohl in den Kommunen als auch in den Staaten werden die kleinen Einheiten gestärkt. Die innovative Kraft dieser kleinen dezentralisierten Einheiten wird zunehmen.
- Die gesellschaftliche Ideologie des Sozial- und Wohlfahrtsstaates bewegt sich weg von der Basis der institutionellen Hilfe und hin zur Selbsthilfe.
- Die repräsentative Demokratie verändert sich immer stärker zur partizipativen Demokratie.
- Die formalen Hierarchien lösen sich zusehends auf und geben informellen Netzwerken Raum. Dies wird insbesondere in der Wirtschaft zu deutlichen Umstrukturierungen führen.
- Immer mehr Amerikaner werden im Süden und Westen leben. Der Norden verliert seine Wirtschaftskraft.
- Das Zeitalter der klaren Alternativen weicht den *multiplen Optionen*.

Heute, gut 15 Jahre nach der ersten Publikation dieser Trends, nach Hunderten von Naisbitt-Interviews und dem zweiten Bestseller über die «Megatrends 2000», nach weiteren Visionen wie «Global Paradox» und «Megatrends Asien» erscheinen die Weissagungen des Jahres 1980 nur noch trivial. Dies aber nicht, weil sie durch die späteren Veröffentlichungen falsifiziert oder überhöht oder aktualisiert worden wären. Vielmehr zeigte sich nach der Lektüre der neuen Naisbitt-Elaborate, daß immer wieder dieselben, aus der heftigen Lektüre amerikanischer Zeitungen gewonnenen Einsichten noch einmal auf den Tisch kamen. Ihre einzige Faszination lag darin, daß man einfach Vokabeln serviert bekam, mit deren Hilfe sich komplexe Probleme elegant wegplaudern ließen.

Es gab zwei Arten von Reaktionen auf diese gesammelten abenteuerlichen Einsichten:

Erstens: kritikloses journalistisches Recycling. Kommentarlos wurde der megaoptimistische Dekalog abgedruckt oder in Interviews mit dem neuen Guru, der nach dem Wunsch seiner Mutter ehedem Priester hätte werden sollen, durch klug gemeinte Fragen noch einmal auf den Plan gerufen.

Zweitens: Verrisse, die wörtlich aus den Reaktionen auf die ersten «Megatrends» von 1980 hätten abgeschrieben sein können oder umgekehrt damals auch gepaßt hätten. Sie blieben auch ebenso wirkungslos wie damals. Der Grund: Sie waren zu komplex, testeten beckmesserisch die Behauptungen gegen Wirklichkeiten ab und wirkten irgendwie zu wissenschaftlich. So schrieb etwa der «Spiegel»: «Die alte bürgerliche Hoffnung, daß der Mensch eine letzte Instanz sei, in der das Denken und Fühlen, die Triebe und das Gedächtnis integriert würden, ist hier auf den Kurzschluß zwischen Produktions- und Konsumtionseinheiten geschrumpft. Krankheit, Einsamkeit, Langeweile, Angst, Sucht, Streß und Drogen sind fast ausgeblendet, Aids oder gar Hunger sowieso.» Mäkelei, die sich angesichts der mittlerweile bereits 14 Millionen Mal verkauften Naisbitt-Zukunftsbibeln leicht wie der Neid der Intellektuellen ausnimmt, die ihre Chance verpaßt haben, aus Lebensbejahung Kapital zu schlagen.

Neue Megatrends und noch mehr Optimismus

Schwarze Utopien waren und sind ja auch in großer Zahl in Umlauf: gläserne Menschen durch Chip-Cards und mikroelektronische Vernetzungen, gentechnischer Terror durch die Konstruktion von roboterähnlichen Humanoiden, die alle aussehen wie Tom Cruise oder Claudia Schiffer, neue Superwaffen mit gentechnischen Konsequenzen, eine Milliarde Chinesen auf Reisen, steigende Kriminalität, eine grotesk überalterte Gesellschaft, Völkerwanderungen von Wirtschaftsflüchtlingen, ökologischer Kollaps und vierwöchiger Megastau von Hammerfest bis Brindisi. Die goutierliche Freude, mit der Apokalyptiker diese Szenarios entwarfen und ausmalten, nicht selten auch mit der Absicht politischen Terraingewinns, ebnete dem Megaoptimismus den Weg: *good news* als Sensationen.

Und so wurde in «Megatrends 2000» der Beginn des nächsten Jahrtausends zum Beginn des goldenen Zeitalters verklärt, wieder in einem Trenddekalog von quasireligiöser Anmutung. Er soll, weil er mittlerweile wahrscheinlich zum Standardwissen jedes an Wirtschaft interessierten Menschen zählt, hier nur in Stichworten noch einmal in Erinnerung gerufen werden:

• Wir erwarten eine Blüte der Weltwirtschaft.
• Wir erleben das Ende des Sozialismus.
• Dezentrale Strukturen gewinnen an Bedeutung.
• Nationale Werte erleben eine Renaissance.
• Der pazifische Raum gewinnt globale wirtschaftliche Bedeutung.
• Die schönen Künste nehmen ebenfalls an Bedeutung zu.
• Frauen auch.
• Wir treten in das Zeitalter der Bio- und Gentechnik ein.
• Religionen erstarken.
• Das Individuum triumphiert über den Wohlfahrtsstaat.

Damit keine Mißverständnisse entstehen: Das wurde nicht 1960, sondern 1990 geschrieben. Keine der von Naisbitt auf 500 Seiten geradezu wagnerianisch intonierten neuen Einsichten war zu diesem Zeitpunkt noch wirklich neu. Das Ende des Sozialismus zu prognostizieren, nachdem die Liberalisierungswelle in vollem Gange war, nachdem Ungarn seine Grenzen geöffnet und die ehemalige DDR ihre Mauer hatte niederreißen müssen, Gorbatschow Glasnost und Perestrojka eingeleitet hatte, war so schwer nicht. Nach dem Höhepunkt der feministischen Debatte und der politischen Reaktion durch Gleichstellungsbeauftragte einen Aufstieg der Frauen vorherzusagen, brauchte wenig prognostischen Mut. Das gleiche gilt für die Biotechnik, die Wirtschaftskraft des pazifischen Raums und die anderen ausgreifenden Visionen.

Worin aber lag dann die Attraktivität? Ganz einfach: *Tell people what they expect to hear!* Erzähl den Leuten nichts Neues, sondern faß das, was sie wissen, in neue übersichtliche Begriffe. Naisbitt selbst gibt das im Vorwort der Taschenbuchausgabe von «Megatrends» unumwunden zu. «Während ich durchs Land reiste und mit den Leuten über die Ideen in diesem Buch sprach, war das meistformulierte und erstaunlichste Argument dieses: ‹Irgendwie kenne ich alle die Dinge, die Sie in Ihrem Buch geschrieben haben. Aber Sie haben sie für mich zum erstenmal zusammengefügt.›»

Vor-Lesung. Dienstleistung. *Intellectual consulting.*

Damit erfüllt sich letztlich eine der wichtigsten und ältesten Trendvorhersagen – freilich eine, die nicht aus den Denklabors von der Naisbitt-Group stammt, sondern von einem Soziologen, dessen Hauptwerk in dieser Bestandsaufnahme des Trendgeschäfts noch häufiger angesprochen werden wird – von Daniel Bell. In «The Coming of the Postindustrial Society» stellte Bell bereits 1973 fest, daß die tertiären Industrien, die Dienstleistungen, an Bedeutung und Wirtschaftskraft alle anderen Industrien überholen würden. Naisbitt, Popcorn, Gerken, Höhler und hundert andere, weniger prominente Vertreter der Branche sind ein schlagender Beleg für Daniel Bells luzide Vorhersage: So, wie der Pizza-Service das Kochen besorgt, übernehmen die Trendforscher das Lesen und Denken und geben Bezugsrahmen und Vokabeln vor.

Daß Bell schon die «Megatrends» mit öffentlicher Irritation zur Kenntnis nahm, verwundert niemanden, der sein Buch kennt. Was schon eher verwundert, ist seine Gelassenheit. Denn vieles von dem, was Naisbitt damals für die Informations- und

Dienstleistungsgesellschaft schrieb, war (abgesehen davon, daß es auch bei Toffler zu lesen war) längst in den Arbeiten des Harvard-Soziologen abgehandelt, der sich im übrigen auch schon sehr früh mit den Methoden der Prognostik beschäftigt hatte.

Die Methoden der modernen Orakel

Noch eine kleine Zumutung: ein Unterkapitel darüber, wie es geht und wie Naisbitt es macht. Irgendwo muß es sein, auch wenn sich Methodisches immer nur sperrig darstellen läßt. Da aber alle Trendforscher ungefähr nach demselben Verfahren arbeiten, ganz gleich, ob sie es nun *Monitoring*, *Scanning* oder *Content analysis* nennen, ist es hilfreich, dieses Verfahren darzustellen: in seinen Stärken und in seinen Schwächen. Wer sich nicht dafür interessiert, mag diesen Abschnitt überblättern und zur Kenntnis nehmen, daß die wesentliche Quelle der Inspiration – Zeitunglesen ist.

Welche Methoden hat die akademische Zukunftsforschung entwickelt?

In einem viel beachteten Beitrag französische Zeitschrift «SEDEIS, Futuribles» beschrieb 1963 der renommierte amerikanische Soziologe Daniel Bell die wesentlichen Elemente einer verantwortlichen Prognose («Douze modes de prévision en science sociale»), auf die sich 1967 in der «Deutschen Zeitschrift für Philosophie» A. Bauer und H. Kosin in ihrem Aufsatz «Probleme der Gesellschaftsprognose und der Politik in Deutschland» bezogen. Daß sich zu ebendieser Zeit auch philosophische Fachzeitschriften mit der Prognostik beschäftigten, lag an der Konjunktur des Themas. Eben waren die ersten Menschen auf dem Mond gelandet, hatten dort den großen Schritt für die Menschheit bejubelt und die Science-fiction-Phantasien beflügelt. Die Wirtschaftswissenschaften entdeckten die *Operations research* und Netzplantechniken, die Kybernetik, die Entscheidungs- und (damals schon) die Spieltheorie und die Methoden des *Scenario writing*. Die Aufbruchstimmung der revolutionären Linken an den Universitäten der Industriegesellschaften richtete sich in eine utopische Zukunft. Im «Kursbuch», der von Hans Magnus Enzensberger mitherausgegebenen Bibel der verspäteten Linkshegelianer, wurde in der Augustausgabe des Jahres 1968 eine dramatische Zukunft beschworen (mit einem Zwanzigjahresplan zur Abschaffung der Geldwirtschaft und einer jubelnden Erwartung der Kommune als neuer Familienform). So viel Zukunft war nie! Trotz aller ideologischen Unterschiede zwischen diesen Positionen – es herrschte so etwas wie ein neuer Pragmatismus, eine neue Lust am Machbaren, und machbar schien zur Zeit der Mondlandung fast alles.

Als informative Übersicht über den Stand der Prognosetechniken ist ein Buch des Berliner Professors Ossip K. Flechtheim zu empfehlen, das 1973 erschien: «Futurologie». Wer es kürzer wünscht, kann Jürgen Bommers Aufsatz über «Die Methoden der Zukunftsforschung» lesen, publiziert in der Nummer 5 des 69er Jahrgangs der Zeitschrift «Analysen und Prognosen». Bommer faßt seine Literaturschau in vier generellen Prognoseformen sowie den jeweils notwendigen Techniken zusammen:

1. Die *intuitive Vorschau*, in der sich Erfahrung und Sachinformation, vermischt mit möglichst genialer Phantasie, zur Projektion oder Prognose verdichten. Die Techniken: Brainstorming, Delphi-Methode, Science-fiction, Utopien.

2. Die *explorative Vorausschau*, die – ausgehend vom Niveau gesicherten Wissens – erforschend die weitere Entwicklung unter bestimmten verschiedenen Voraussetzungen sichtbar macht. Die Techniken: Zeitreihen- und Trendextrapolationen, *Contextual mapping*, Morphologiestudien, Szenarios, historische Analogien, Strukturanalysen, Querschnittsanalysen, Substitutionsanalysen, Input-Output-Analysen, Diffusionsanalysen.

3. Die *projektive Vorausschau*, die – ausgehend von einer bestimmten Zielvorstellung – rückwärts bis zur Gegenwart die er-

forderlichen Voraussetzungen und Strategien ermittelt. Die Techniken: Präferenzanalysen, Entscheidungsmodelle, Relevanzbäume, Netzplantechniken, Optimierungsverfahren wie die linearen, nichtlinearen oder dynamischen Programmierungen, Spieltheorie.

4. Die *rekursive Vorausschau*, die intuitiv, explorativ oder auch projektiv angelegt sein kann, deren Besonderheit es jedoch ist, daß die erreichten Ergebnisse zur Korrektur der Strategien herangezogen werden. Die Techniken: Integrierte Management-Informationssysteme, Früherkennungssysteme.

Das war der Stand Ende der sechziger Jahre, der in der Folge allenfalls noch durch neue Methoden und Techniken differenziert wurde.

Welche Methode nun benutzt Naisbitt?

Nach eigenem Bekunden stützt er sich hauptsächlich auf die Technik der Inhaltsanalyse, englisch: *Content analysis.* Da sie mit wenigen Modifikationen die Recherchemethode aller Trendforscher darstellt, soll ihr an dieser Stelle eine erläuternde Passage gewidmet werden.

Die Inhaltsanalyse ist im Ursprung eine wissenschaftliche Methode, die – wie Bernard Berelson, Mitarbeiter von Paul Lazarsfeld am Bureau of Applied Social Research der New Yorker Columbia University, 1952 in einem bis heute gültigen Standardwerk schrieb – «die quantitative, systematische und objektive Beobachtung des manifesten Gehalts eines Textes» ermöglicht. Daß sie, wie Naisbitt schreibt, im Zuge des Zweiten Weltkrieges entwickelt worden wäre, kann aus der Durchsicht der einschlägigen Fachliteratur nicht bestätigt werden. Die Methode stammt, wenn ihr Ursprung überhaupt zu verorten ist, aus den Bemühungen der behavioristischen Psychologie der zwanziger Jahre. Das ist insofern plausibel, als die Suche nach pragmatischen Anweisungen für die Beeinflussung von Menschen auf solide, quasiphysikalische Grundlagen gestellt werden sollte. Eine «quantitative Methode zur Erfassung des Gehalts menschlicher Aussagen» stellte vermeintlich einen der Wege dazu dar. Mit dieser Quantifizierung sollten die Unwägbarkeiten der freudianischen Psychoanalyse überwunden werden, die sich eher assoziierenden Methoden verpflichtet fühlte. Eine andere Wurzel der *Content analysis* liegt in der politischen Kommunikationsforschung. Einer ihrer Zweige war dann die Auseinandersetzung mit der feindlichen, vor allem der deutschen Propaganda während des Zweiten Weltkrieges. Die Benutzung der Inhaltsanalyse ist nach der allgemeinen Übereinkunft von Sozial- und Kommunikationsforschern an bestimmte Regeln gebunden:

- Nachvollziehbarkeit des Verfahrens.
- Eine klare Liste von Kategorien, mit deren Hilfe Texte analysiert werden.
- Statistische Repräsentativität des analysierten Materials für eine deutlich ausgewiesene Grundgesamtheit.
- Nachweis der Verläßlichkeit der Methode.
- Nachweis der Gültigkeit der Interpretationen.
- Quantitative Auswertungen in Zeitreihen.

Eine der wesentlichen Fragen der Inhaltsanalyse resultiert aus dem Zweifel darüber, ob die analysierten Medien tatsächlich als Spiegelungen der Alltagswirklichkeit angesehen werden können. Können, um nur ein Beispiel zu erwähnen, die Bilder der Frauen in Frauenzeitschriften als Reflexionen der Wirklichkeit verwendet werden? Dieses in der Wissenschaft so genannte *Representational model* hat heftige, bis heute nicht beigelegte Kontroversen ausgelöst. Naisbitt jedenfalls schwor in «Megatrends» auf diese Methode. Seine These: Da der verfügbare Raum für Informationen sich in Zeitschriften im Laufe der Zeit nicht ändere, müsse jede Neuigkeit einen traditionellen Bestandteil verdrängen. Unter ökonomischen Gesichtspunkten sei es nur plausibel, daß die zukunftsweisenden Informationen die vergangenheitsorientierten ersetzten.

Da sind nun einige Zweifel erlaubt: Denn die kommerzielle Marktorientierung der Zeitungen und Zeitschriften, die dazu führt, daß der Sensationswert zu einem wesentlichen Nachrichtenfaktor wird, bleibt unberücksichtigt. Naisbitt geht von der irrigen Annahme aus, daß alles, was publiziert wird, die Wirklichkeit gleichermaßen repräsentiert. Denn es müßte grundsätzlich garantiert sein, daß die Welt der Zeitungen ein in sich geschlossenes Universum von seismographisch auf Neuigkeiten ausgerichteten Unternehmen ist, das lediglich rationalen Kriterien folgt. Es soll allerdings keineswegs in Zweifel gezogen werden, daß Medien in der Lage sind, gesellschaftliche Veränderungen zu erkennen, zu formulieren und mit dieser Formulierung auch zu beschleunigen. Wir wissen aus Beispielen, daß Trends überhaupt erst durch die Medien entstanden.

In aller Regel sind Medien jedoch auf das flüchtige Geschäft des Verkaufs leicht verderblicher Aktualitäten eingerichtet, wo sie nicht schon im Zuge der wachsenden Spezialisierung in einem journalistischen Recycling-Prozeß genau das anbieten, was ihr Publikum lesen, sehen, hören möchte. Die beobachteten Moden und Trends sind eigentlich nicht mehr als eine Spielerei an der Oberfläche. Aus den vielfältigen Inhaltsanalysen der ernstzunehmenden politischen, kulturellen und wirtschaftlichen Leitmedien der Welt wissen wir indes, daß über diese Oberflächlichkeit hinaus zwar fundierte Aussagen existieren – aber mit einem deutlich westlich ausgerichteten Schwerpunkt.

Die Entdeckung der wirtschaftlichen Quarks

Die Erfahrung, daß das Recycling der «Megatrends» zum neuen Bestseller «Megatrends 2000» so reibungslos funktionierte, inspirierte den Meister der Trend-Forschung zu einem kürzeren Intervall. Er nahm sich den Trend zur Dezentralisierung vor, den er 1982 und 1990 beschrieben hatte, nannte ihn «Global Paradox» und breitete ihn 1993 noch einmal auf 392 Seiten aus. Daraus wiederum wurden in neuester und eher schlecht verkaufter Verdichtung die «Megatrends Asien» destilliert.

Doch zunächst zum «Global Paradox»: «Je größer die Weltwirtschaft, desto mächtiger ihre kleinsten Akteure.» Das steht auf Seite 12, gleich im ersten Kapitel; fett gedruckt, weil wohl besonders wichtig. Kalenderspruch eines neokapitalistischen Optimismus, der die Theorie des alten Adam Smith wiederbelebt. Eigennutz, Laisser-faire-Politik und der Freihandelsgedanke, garniert mit einer Theorie der Weltgesellschaft, führen im klassischen Sinne der Smithschen Annahme zur Harmonie zwischen sozialem und wirtschaftlichem Leben. Dieser Gedanke ist, wenn man den Zeitpunkt seiner Publikation zugrunde legt, 219 Jahre alt. Er scheint Naisbitt sehr am Herzen zu liegen, denn er wird in einer Redundanz wiederholt, die entweder aus argen Zweifeln am Gedächtnis der Leser resultiert oder aus Mangel an origineller Argumentation. So versandet die Flut an Einzelinformationen immer wieder in diesem «ceterum censeo» – vielleicht aber auch nur, um wie ein Mantra den aufkeimenden kopfschüttelnden Zweifel des Lesers zu beschwichtigen.

Das liest sich dann beispielsweise so:

«Das Studium des kleinsten wirtschaftlichen Akteurs, des Unternehmers, verbindet sich mit dem Studium der Expansion unserer globalen Wirtschaft» (Seite 14).

«Im Prozeß der weltweiten wirtschaftlichen Integration werden die Teilkomponenten zahlreicher, kleiner und wichtiger zugleich. Mit dem Wachstum der Weltwirtschaft schrumpft gleichzeitig die Größe ihrer einzelnen Teile» (Seite 18).

«Je größer und je offener die Weltwirtschaft sich entwickelt, desto mehr werden die kleinen und mittelgroßen Unternehmen dominieren» (Seite 20).

«Einer der unausgesprochenen Gründe für die Zunahme strategischer Allianzen ist, daß die Unternehmen es vermeiden wollen, größer zu werden» (Seite 22).

«Da die Weltwirtschaft größer wird, werden ihre Teilkomponenten kleiner» (Seite 24).

«Wir spalten die Unternehmen in immer kleinere Einheiten auf, damit wir unsere Wirtschaften effizienter globalisieren können» (Seite 25).

«Je universeller wir werden, desto tribalistischer unser Handeln» (Seite 31).

«Die Bedeutung der Nationalstaaten nimmt ab, gleichzeitig werden mehr Nationalstaaten gebildet» (Seite 37).

«Wenn die Welt zu einem einzigen Markt zusammenwachsen soll, müssen die einzelnen Teile kleiner werden» (Seite 47).

«Die globale Wirtschaft wird größer, und ihre nationalen Akteure werden kleiner und kleiner» (Seite 51).

«Das Ergebnis auf all diesen Gebieten sind kleinere und stärkere Einheiten in der Weltwirtschaft. Die globale Wirtschaft wächst, während gleichzeitig die Größe ihrer Teile schrumpft» (Seite 64).

«Je universeller wir werden, um so entscheidender wird unsere tribale Zugehörigkeit; im globalen Paradoxon heißt das, daß wir uns in immer mehr und immer kleinere Teile aufspalten» (Seite 65 oben).

«Da die globale Wirtschaft größer wird, werden die beteiligten Mitspieler kleiner und kleiner» (Seite 65 unten).

Damit ist das erste Kapitel beendet. Seine Botschaft sollte halbwegs deutlich geworden sein. Ist sie es nicht, kann auch die vergeßlichste Leserschaft unbesorgt sein. Naisbitt läßt sie nicht im Stich. Um die Leserschaft *dieses* Buches nicht allzusehr zu ermüden, hier nur noch wenige Beispiele aus den weiteren fünf Kapiteln:

«Die Telekommunikation ist der Motor der Wirtschaft und bewirkt gleichzeitig die Aufsplitterung in immer kleinere und mächtigere Teile» (Seite 69).

«Während wir uns auf eine globale Wirtschaft zubewegen, entwickelt die Telekommunikation ein einziges weltweites In-

formationsnetz, das alle Menschen miteinander verbindet»
(Seite 116).

«Im globalen Paradoxon – je größer die Weltwirtschaft, um
so mächtiger ihre kleinsten Akteure – ist es kaum möglich, die
Rolle der globalen Telekommunikation zu überschätzen»
(Seite 134).

«Je mehr die Welt zusammenwächst, desto differenzierter
werden unsere Erfahrungen» (Seite 137).

«Im 21. Jahrhundert werden die Großunternehmen in immer
kleinere Teile zerlegt» (Seite 237).

«Je größer die chinesische Wirtschaft sich entwickelt, um so
kleiner und mächtiger werden ihre einzelnen Teile» (Seite 247).

«Je mehr wir uns einer weltumspannenden Wirtschaft nä-
hern, um so weniger Bedeutung hat die Volkswirtschaft eines
einzelnen Staates und um so wichtiger wird der wirtschaftliche
Beitrag eines jeden einzelnen Unternehmens» (Seite 306).

«Das sich vergrößernde System dient dem kleinsten Akteur»
(Seite 365).

«Das globale Paradoxon besagt auch, daß die Chancen für
jeden von uns als Individuum weit größer sind als jemals zuvor
in der Geschichte der Menschheit» (Schlußsatz, Seite 369).

Ausblendung störender Wirklichkeiten

Derweil geht es in der wirklichen Welt ein wenig anders zu. Sicher sind Outsourcing-Maßnahmen großer Unternehmen an
kleinere Dienstleister an der Tagesordnung. American Airlines
hat die Flughafenaktivitäten, Ticketing und Check-in an 28 kleineren Flughäfen an Subunternehmer weitergegeben. 550 Mitarbeiter erhalten dort nun statt der bisherigen 19 Dollar pro
Stunde nur noch 9 Dollar. Outsourcing-Aktivitäten im Bereich
des Computer-Service haben sich laut «Business Week» seit
1989 verdoppelt und erreichen heute einen Umsatzwert von

41 Milliarden Dollar. Die Umsatzwerte im Busineß-Service (industrienahe Dienstleistungen) liegen schon bei 6,2 Milliarden Dollar. UPS, die Post-Konkurrenz, will sich in den USA um 5000 Jobs verschlanken und die Call-Center in die Regie lokaler Dienstleiter geben. Ergebnis: Lohnverfall von 12 auf 8 Dollar pro Stunde. Telemarketing für Western Union, Compaq, Sears und andere wird heute durch die spezialisierte Firma APAC betrieben. 2600 neue Arbeitsplätze sind 1994 entstanden, 1300 Arbeitsplätze 1995. Erwartung: insgesamt 10000 Mitarbeiter.

Im Unterschied aber zur Naisbitt-Beobachtung von der Macht der kleinen Einheiten, formieren sich amerikanische Konzerne zu immer größeren Konglomeraten, deren Logistikkosten geringer sind als die Arbeitskosten. Beispiele: Chase Manhattan und die Chemical Bank fusionieren; Bennett le Bow, weitgehend unbekannter Lebensmittelkonzern, ist dabei, 15 Prozent von RJR Nabisco zu übernehmen; der US-Konzern Upjohn steigt mit 6 Milliarden Dollar bei Schwedens Pharmacia ein; Union Pacific kauft Southern Pacific für 5,4 Milliarden Dollar. Routen, die von beiden befahren werden, werden in einer der Firmen eingestellt. Außerdem fallen Overhead-Kosten, das heißt: Arbeitsplätze in der Verwaltung, weg.

Das neue Telekom-Gesetz der USA wird gewaltige Konzerne zulassen. Der Multimedia-Markt wird eine Reihe von diagonalen Verbindungen schaffen. Bei der Vorbereitung des digitalen Fernsehens fusionieren Bertelsmann, Canal plus und Havas, Kirch und große amerikanische Mediengesellschaften. Und angesichts der Megafusion von Metro mit Kaufhof, TUI und zwölf oder dreizehn anderen Unternehmen in der Bundesrepublik erscheinen die Naisbitt-Thesen zumindest erstaunlich. Louis Gerstner, der IBM-Chef, der stets alle Pläne ablehnte, IBM zu zerkleinern, und dafür oft kritisiert wurde, sagt heute zufrieden: «Die Industrie kommt auf unseren Weg zurück.»

Die wirtschaftspolitische Mutmaßung, daß im Zuge der Deregulierung in den USA vor allem von kleineren Firmen und mutigen Jungunternehmern jeden Alters Arbeitsplätze geschaffen worden seien, ist ebenfalls ein Mythos, den Naisbitt unkontrolliert übernimmt. Neuerdings weisen die Erhebungen, die zur Kontrolle dieser These angestellt wurden, überraschenderweise in eine ganz andere Richtung. So steht nun in einer überzeugenden Langzeitstatistik des Wirtschaftsanalytikers Bennett Harrison zu lesen, daß es seit 1962 in den USA bei der Entwicklung von Arbeitsplätzen keinerlei Unterschied zwischen großen und kleinen Unternehmen gebe. Weiterhin stellen die Firmen mit maximal 20 Mitarbeiterinnen und Mitarbeitern zwar knapp 90 Prozent der amerikanischen Unternehmen, bieten aber nur 22 Prozent der Arbeitsplätze. Überzeugend sind diese Statistiken auch aus einem anderen Grund: Bennett steht mit seinen Ergebnissen nicht allein. Große Analysten wie beispielsweise Dun & Bradstreet sehen sich zur selben Schlußfolgerung veranlaßt. Sensationell ist das nicht und daher kaum publikationswürdig.

Doch bei Naisbitt ist für diese Widersprüche kein Platz; sein Argumentationsgebäude ist auch in den «Megatrends Asien» hermetisch auf die Bestätigung seiner selbst ausgerichtet:
• Daß die Hegemonie eines amerikanisch-asiatischen Duumvirats zu neuen Kontroversen führen könnte, daß also mit anderen Worten die Regionalisierung der Märkte in wirtschaftlichen Zusammenschlüssen in einen grauen Protektionismus mündet, der wiederum zu einem Kampf der Duum- oder Triumvirate führt – etwa von Mercosur und APEC gegen Nafta und EU –, all das ist im Gedankengebäude Naisbitts nicht vorgesehen. Statt dessen wilder Enthusiasmus über die stürmische Wirtschaftsentwicklung der Schwellenländer und ihren Einfluß auf die Weltwirtschaft.

Dabei scheint gerade in der Fragilität der noch recht jungen Zusammenschlüsse die Tendenz zur Abschottung gegen die globale Wirtschaftspolitik angelegt zu sein. Carlos Salinas de Gortari, ehemaliger Präsident Mexikos und Protagonist der Nafta, sagte in einem «Newsweek»-Interview auf die Frage, was er am meisten für die nahe Zukunft fürchte: «Handelskriege.» Die GATT-Vereinbarungen seien eine der wesentlichen Vorausset-zungen für den freien Welthandel. Nun sind aber gerade die re-gionalen Zusammenschlüsse eine Provokation des GATT-Gei-stes. Die immer engere Verflechtung der Weltwirtschaft kann daher nicht unbedingt mit zunehmender Globalisierung identifi-ziert werden. Abgesehen von der Tatsache, daß auch hier für die großen Bereiche der Wirtschaft (also Produktion, Landwirt-schaft, Handel und Dienstleistung) unterschiedliche Maßstäbe angelegt werden müßten, bedeutet die Macht der kleineren Ak-teure – zumindest nach Auffassung einer Reihe von Wirtschafts-wissenschaftlern – eine Schwächung der Globalisierung und eine Relativierung des GATT.

• Daß die globalen Telekommunikationsnetze, in denen Nais-bitt die Nervenstränge der neuen globalen Individualisierung sieht, auch dazu tendieren, die Autonomie mittelständischer Fir-men zu unterhöhlen, indem sie in übergeordnete Logistik- und Reservierungssysteme eingemeindet werden, ist bei Naisbitt nicht einmal als Denkansatz formuliert.

Auch hier muß der Enthusiasmus ein wenig gedämpft werden – bei der Frage nämlich, wie es in diesen netzwerkartigen Kon-glomeraten eigentlich den kleinsten Spielern, den mittelständi-schen Unternehmen wie etwa Zulieferbetrieben und ehemals selbständigen und selbstbewußten regionalen Dienstleistungs-firmen, ergeht. Arno Rolf, Vorstand des Instituts für Informatik der Universität Hamburg, das auf dem Gebiet der Technikfolgen-abschätzung führend ist, beklagt, «daß in Zukunft besonders kleine und mittelständische Dienstleistungsbüros in Mitleiden-schaft gezogen werden», weil sie im Netzwerk der technischen Kommunikationssysteme ihre Autonomie verlieren: etwa Spe-ditionen und Reisebüros, die zu Anhängseln international aus-gelegter Logistik- und Reservierungssysteme werden.

Damit ist ein Kapitel der modernen Betriebswirtschaftslehre berührt, das sich mit der Bedeutung einer lebendigen, historisch gesicherten und menschlich bereichernden Unternehmenskultur beschäftigt. Die Frage, wie die *symbolische Ortsbezogenheit* – so nannten etwa zur Mitte der sechziger Jahre einige Soziologen den emotionalen Mehrwert, den ein Unternehmen seinen Mitarbeitern und Mitarbeiterinnen bieten kann –, wie also *Unternehmenskultur* gesichert werden kann, stellt sich mit wachsender Bedeutung der globalen Telekommunikationsnetze. Die Eröffnung neuer Marktzugänge ist weitgehend Illusion. Denn die Erweiterung der Zugangswege zum Markt durch ISDN und Satellitentechnik bietet eher Großunternehmen die Chance, ihre Absatzbereiche zu erweitern.

• Daß der Enthusiasmus, mit dem die Länder Lateinamerikas, China, Vietnam und der «Pacific Rim» zu den großen Wachstumsmärkten der neuen Welt deklariert werden, ohne die Engagements global agierender westlicher Unternehmen nicht denkbar wäre, bleibt in der pauschalisierenden Sicht Naisbitts ebenfalls unberücksichtigt.

Doch nicht nur Mexikos Wirtschaftskrise machte schlagartig klar, auf welch wackligen Voraussetzungen die Trendvorhersagen beruhen. Der Sturz des Peso Ende 1994, der auch durch neue soziale Unruhen im Süden des Landes beeinflußt wurde, könnte nur mit Zinserhöhungen aufgefangen werden. Die aber würden den schwächlichen Konjunkturanstieg der letzten Jahre endgültig beenden. Außerdem erfordern die Staatsdefizite Mexikos einen Sparkurs der Regierung, und das Wachstum tendiert gegen null. Kurz nach der offiziellen Deklaration des Abschwungs in Mexiko gab die wichtigste Aktienbörse Lateinamerikas, die Bovespa in São Paulo, um fünf Prozent nach. Berechtigte Befürchtungen anderer lateinamerikanischer Staaten von einem pauschalen Vertrauensverlust der Anleger haben für nachhaltige Unsicherheiten gesorgt.

• Daß Afrika sich zu einem enormen wirtschaftlichen Problemfeld entwickelt, wird von Naisbitt ignoriert. Die Malaise in vielen Bereichen des Schwarzen Kontinents stört den optimistischen Ansatz des Zeitungslesers aus Telluride in Colorado und kommt mithin nicht vor. Das scheint Prinzip zu sein. Denn auch der Jubel über die *Rising stars* Südostasiens erfaßt keineswegs alle Zonen des weiten Feldes – Singapur natürlich, Taiwan, auch Indonesien, Indien am Rande, vor allem aber China und Vietnam. Birma? Nepal? Laos? Kambodscha? Die japanischen Schwierigkeiten, die nun mit dem Import westlicher Managementmethoden behoben scheinen? All das bleibt unerwähnt oder ist gerade mal Gegenstand knapper Nebensätze.

• Auch daß in einigen Regionen der Naisbittschen Utopien der Teufel los ist – wie in manchen Nachfolgestaaten der ehemaligen Sowjetunion, wo nun statt der Marktwirtschaft das Chaos herrscht –, paßt nicht ins optimistische Bild. Dort ist ein neuer Krieg entbrannt, der die Situation in Rußland völlig verändern könnte. Und was beziehungsweise wer käme nach Jelzin?

Eine Zeitlang wurde Schirinowski als Nachfolger gehandelt; dann Pyotr Romanow, der – wie der Moskauer Politologe Konstantin Remchukov sagte – das gesamte Spektrum der prokommunistischen, nationalistischen, antisemitischen, militärischen und prosozialistischen Kräfte in sich vereinigen könnte. Der Name Lebed dagegen war weltweit unbekannt. Heute aber gilt er als einer der chancenreichsten Kandidaten.

• Daß die Städte Chinas, sollten keine Reformen im Hinterland eingeleitet werden, zu sozialen Sprengsätzen werden, kommentiert Naisbitt nicht. Schon heute werden Millionen von bäuerlichen Einwanderern aus den nördlichen Provinzen als Störenfriede betrachtet. Sie könnten bis zum Jahr 2000 zur Konkurrenz der ungelernten Arbeiter werden, die aus den aufstrebenden Industrieregionen stammen. Analytiker des chinesischen Fortschritts wie der «Newsweek»-Autor George Wehrfritz entwerfen Szenarios mit 30 Millionen Arbeitslosen.

Immerhin: Bei seinem Enthusiasmus für die chinesische Wirtschaftsrevolution sieht Naisbitt tatsächlich einige Fallstricke – vor allem Korruption und Migration. Doch interessanterweise hält er diese Probleme im Falle China für lösbar, während die Migration in Europa einen Indikator des Niedergangs darstellt. Daß das Land überdies zu sehr verschuldet ist, um solche Probleme rechtzeitig in den Griff zu bekommen, ist ein weiterer Aspekt, der im optimistischen Horizont Naisbitts nur störend wirken könnte.

Prognostiziert werden Konsum, der Wunsch nach Autos, nach westlichen Konsumgütern, Kosmetik, Diskos, Investitionsgütern. Und diese Ausrichtung wird nirgends deutlicher als an der Stelle, an der der «kosmopolitische Asiate» vor den Augen des Lesers inszeniert wird: Krawatten von Ferragamo, Armbanduhr von Rolex oder Cartier, Aktenkoffer von Louis Vuitton, Füllfeder von Montblanc, BMW, Motorola-Handy, Aftershave von Armani, American-Express-Karte. Zu ihr scheint Naisbitt eine besondere Beziehung zu haben. Sie ist die einzige Kreditkartenfirma, die im Buch namentlich erwähnt wird – «American Express Company, die Chancen wahrnimmt, sobald sie sich bieten». In «Megatrends Asien» geriert sich Naisbitt wie ein verspäteter Marco Polo, der denen, die sich mit durchaus zweifelhaften Erfolgsaussichten auf diesem potentiellen Zukunftsmarkt engagieren, erzählt, daß es zukunftsweisend ist, sich auf diesem Markt zu engagieren. *Tell people what they like to hear.*

Was hat Afrika schon in einer solchen Welt verloren? Oder Jugoslawien? Man kann nicht daran vorbei. «Ja, wir haben die jugoslawische Tragödie», schrieb Naisbitt im «Global Paradox». «Gleichzeitig erleben wir aber auch friedlichere und erfolgreichere Gegenbeispiele in Ländern, die sich in einer ‹friedlichen Scheidung› neu konstituieren, wie zum Beispiel die Tschechoslowakei. (...) Auch die Israelis und Palästinenser fanden sich schließlich zum Handschlag und zu einer Vereinbarung bereit, um künftig in Frieden miteinander leben zu können.» Doch eine politische Trendwende, wie sie sich derzeit abzeichnet, war als Gegenszenario nicht einmal in einem kleinen Absatz vorgesehen. Auch andere Krisenherde werden zwar nicht gänzlich übersehen: Tibet, Papua-Neuguinea, Burundi (gemeint ist aber offensichtlich Ruanda), der Irak und schließlich die Unterdrückkungssysteme in Liberia oder Sudan. Naisbitt geht allerdings mit keinem Wort darauf ein, daß es sich gerade bei diesen letzten Beispielen – wie auch im Falle einer Reihe von terroristischen Übergriffen in Algerien und Ägypten – um die Ausdrucksformen einer neuen expansiven Ideologie handelt, die seiner These von den kleinen Einheiten in der Weltgesellschaft widerspricht. Interessant ist auch, daß bei der Vielzahl der verarbeiteten Clippings aus 6000 Zeitungen gerade die Thesen der internationalen Politikwissenschaft fehlen, die als Megatrend der nächsten Jahre einen *Clash of cultures* prognostizieren. Samuel P. Huntington hatte im Herbst 1994 in der Zeitschrift «Foreign Affairs» einen weltweit beachteten Beitrag dazu veröffentlicht. Eine der wichtigsten Vorkehrungen gegen die globalen Auseinandersetzungen sei ein starkes – auch kulturell starkes – Europa.

Europa!

Bei diesem Thema verhärtet sich der Stil Naisbitts, wird kalt und verliert sich in einem düsteren Pessimismus. Während Japan ein moderates Wachstum erlebe, ein bescheidenes bis solides Wachstum auch die Wirtschaft der Vereinigten Staaten präge, in Asien ein Boom losbreche und sich in Lateinamerika ungeahnte Wachstumsschübe ereigneten, verharre Europa «in einer lang andauernden Rezession». Die Gründe liegen für Naisbitt auf der Hand. Für den Leser weniger, denn plötzlich werden Entwicklungen, die für andere Länder als Indikator einer erfolgreichen Zukunft gelten, zu Hindernissen auf dem Weg in ein erfolgreiches 21. Jahrhundert. «Im neuen globalen Paradoxon läßt sich die ökonomische Kraft eines Landes daran messen, inwieweit es die politischen Führer den Teilkomponenten erlauben, zum Wohl des Ganzen beizutragen. Um bei unserer Metaphorik zu bleiben: Wird das Land von einem politischen Zentralrechner gesteuert, oder kann vielmehr eine Vielzahl von PCs eigenständig am Aufbau bei der Revitalisierung der Wirtschaft mitwirken. Legt man diese Maßstäbe an, dann können Sie Europa als gewinnbringenden Investitionsstandort für das 21. Jahrhundert vergessen. Vor allem können Sie die Europäische Union vergessen, der in einem dreijährigen Medienrummel weltwirtschaftliche Dominanz prophezeit war.» Der Grund: Die Menschen wollen zwar gemeinsam Wirtschaft treiben, aber ansonsten ihre angestammte Identität wahren. Die politische Verknüpfung, die das Abkommen von Maastricht vorsieht, sei zum Scheitern verurteilt. So ist, «zumindest aus heutiger Sicht», Europa «ein niedergehender Stern am globalen Wirtschaftshimmel. (...) Europa ist krank; es leidet an der wirtschaftlichen Flaute seiner Mitgliedsländer, an der massenhaften Zuwanderung von Emigranten, an anschwellenden ethnischen Spannungen, an Korruption und gravierenden politischen Skandalen in Italien, Frankreich, Spanien und Belgien. (...) Die Arbeitslosenquote in der Europäischen Union hat ein Ausmaß erreicht, das es seit 1930 nicht mehr gegeben hat.» Deutschland, das in den «Megatrends 2000» noch als Gewinner der europäischen Einigung galt, ist plötzlich vom Niedergang gezeichnet.

KAPITEL 3

Plotkinsche Dörfer: Faith Popcorn

Eine Repräsentantin der Anspruchsgesellschaft

Faith Popcorn, geborene Plotkin, ist unterwegs, Faith, die sonst nur anreist, wenn man ihr – neben dem Honorar von sechzig- oder achtzigtausend Mark – Erster-Klasse-Tickets und Nobel- hotels mit einem bestimmten Mineralwasser bereitstellt. Faith ist auf Werbetour für «Clicking!», die neueste Ausgabe des «Popcorn-Reports», denn da geht es um die Promotion für ihr Geschäft – Werbung für die New Yorker Firma BrainReserve, die derzeit publicityträchtigste Trendfabrik der Welt.

Die «Popcorn-Reports» sind ein weltweit verbreitetes Brevier, angefüllt mit Aussagen über die Konsumwelt von morgen – wie Faith Popcorn sie sieht. Ein messianischer Zug in dieser Selbst- darstellung ist unübersehbar, eine Art säkularer Schamanismus, der auch bei den deutschsprachigen Repräsentanten dieser In- dustrie stark ausgeprägt ist. Popcorn definiert diese Aufgabe so: «Ich möchte den Menschen zeigen, wie sie ihren Pessimismus überwinden können. Ich möchte den neuen Unternehmen die neuen Verbraucher vorstellen. Und ich möchte einen Beitrag zu einer positiven Zusammenarbeit bei der Zukunftsbewältigung leisten.»

Wie das?

«BrainReserve blickt weit voraus in die Zukunft und schaut von dort aus wieder zurück, um herauszufinden, welche Maß- nahmen für unsere Kunden zu bestimmten Zeitpunkten die rich- tigen sind. Es ist so, als würde man die Zukunft durch das andere Ende des Teleskops betrachten. Wenn man weiß, was in ferner

Zukunft geschehen wird, kann man ziemlich leicht sagen, was das Richtige in der Gegenwart oder in naher Zukunft ist.» Aus ihrer Perspektive am anderen Ende des Teleskops konnte Mrs. Popcorn schon im ersten Popcorn-Report eines erkennen: ein *Soziobeben*. «Seit zehn Jahren machen wir unseren Kunden klar, daß dieses Soziobeben kurz bevorsteht.» Was dieses *Soziobeben* präzis bedeutet, ist offen. Die gegen sich selbst gerichtete Süffisanz einer solchen Aussage, daß man etwas zehn Jahre lang als kurz bevorstehend prognostiziert, kennzeichnet schon andeutungsweise die publizistische Methode von BrainReserve: Begriffe zu finden, die dehnbar genug sind, um durch die unterschiedlichsten, auch widersprüchliche Tatbestände bestätigt zu werden. Entsprechend unspezifisch sind die Präzisierungen dessen, was bebt, und der Konsequenzen des Bebens. Sicher ist nur eines: «Alles wird neu sein. Alles.» Denn: «Ich habe noch nie Veränderungen gesehen, die so umfassend und radikal sind. In diesem Jahrzehnt wird sich ein totaler Wandel vollziehen – die Schnellebigkeit wird dem Rückzug ins eigene Heim und der Abschirmung vor der Welt weichen. Es wird eine neue Moral, eine neue Religion, neue Lebensmittel, eine neue Wissenschaft, eine neue Medizin geben.» Wer sich auf diese fundamentalen Veränderungen nicht einstellt, wird auf der Strecke bleiben. Ganz einfach. Doch die Lösung ist ebenso einfach: Zuerst das Buch lesen, dann BrainReserve buchen.

Diese Firma erforscht Trends, die nach Aussage der Frau Popcorn Wegweiser ins nächste Jahrzehnt darstellen. Für Unternehmen ist die Einsicht in diese Trends deshalb wichtig, «weil sie als kleine Rinnsale beginnen und dann zu bedeutenden Strömen werden. Wenn Sie es schaffen, die Punkte zwischen dem Beginn eines Trends und seiner Auswirkung auf Ihr Geschäft miteinander zu verbinden, dann können Sie Ihr Produkt im einzelnen so gestalten, daß es in den Trend paßt.»

Welche Trends nun hat BrainReserve geortet?

Der Megaseller «Cocooning»

Auch Faith Popcorn proklamiert, um der Vorgabe des Mega-sellers von John Naisbitt zu folgen, zehn Trends. An einigen von ihnen soll hier die Argumentationsstrategie des Consulting-Stars illustriert werden. Dazu eignet sich besonders die Erfindung des Wortes *Cocooning*. An der Auseinandersetzung mit diesem Trend läßt sich eindrucksvoll demonstrieren, wie BrainReserve arbeitet: Beobachtungen werden zu Begriffen verdichtet, die dann durch weitere Beobachtungen bestätigt werden. Diese Me-thode stellt interessanterweise das Gegenteil des angloameri-kanischen Kritizismus dar, der seit Karl Popper als Grundlage allen rationalen Denkens gilt: eine Annahme so lange kritischen Prü-fungen auszusetzen, bis sie ihre – zumindest partielle – Schwä-che zeigt. Je länger sich eine Aussage diesem Prüfverfahren des «kritischen Rationalismus» widersetzt, desto wahrscheinlicher ist ihre Gültigkeit.

Und noch etwas zeigt sich an der Popcorn-Methode: die er-staunliche Bereitschaft von Leserinnen und Lesern, vor allem aber auch von eilfertig zitierenden Medien, sich mit vordergrün-digen Erläuterungen zufriedenzugeben. Diese Tatsache wirkt um so erstaunlicher, wenn man den internationalen Erfolg des «Popcorn Reports» in Betracht zieht. Denn sowohl Prognosen als auch bestätigende Beispiele charakterisieren, wenn über-haupt, nur eine ernst zu nehmende Entwicklung: die nordameri-kanische. So wird denn auch das *Cocooning* damit erklärt, daß sich die Amerikaner am Ende der achtziger Jahre in ihre High-Tech-Höhlen zurückgezogen hätten. Dies ist also der erste Trend, dem wir seit einiger Zeit folgen und dem wir weiter fol-gen werden:

- *Kokon-Dasein*

«Wir sahen diesen Trend kommen, als die Party, die ihm vorausging, noch in vollem Gang war. An den fernen Küsten des Schikkeria-Lebens (...) war die Welt ein einziges Nachtclub-Discorama. Aber wir entdeckten auch, daß die Zeichen auf Rückzug standen. Der Satz ‹Gimme shelter› bekam eine neue Bedeutung.»

Übergeht man die Tatsache, daß der Satz «Gimme shelter» aus der Rockkultur der sechziger Jahre stammt und somit eigentlich einen Gegenbeleg für die Behauptung darstellt, der Trend zum Kokon sei neu, sieht sich die Leserschaft zusätzlich verwirrt, weil der Begriff des *Cocooning* auf alle nur erdenklichen und vordergründig eher auch gegenteiligen Verhaltensweisen angewendet wird, so daß er jegliche Eindeutigkeit verliert. Der Grund dafür mag in einem rechnerischen Kalkül liegen, das sich zum Erscheinungstermin des «Popcorn Reports» gegen die Autorin richtete – die Behauptung nämlich, daß jeder Trend zehn Jahre anhalte. *Cocooning* wurde zu Beginn der achtziger Jahre erfunden und avancierte zu einem der erfolgreichsten Begriffe der publizistischen Gebetsmühlendreher. Es wäre schade, diesen Begriff, der synonym für die BrainReserve stand, einfach zu entsorgen. So argumentierte Faith Popcorn strategisch folgerichtig: «Da die meisten Trends zehn Jahre dauern, hätte man erwarten können, daß für das Ende der achtziger Jahre eine Trendwende angesagt war.» Doch das *Cocooning* entwickelte sich zum allumfassenden Charakteristikum auch der neunziger Jahre.

Was immer geschah, es war *Cocooning*.

Reisen? *Mobiler Kokon*.

Die Selbstverständlichkeit, daß man sich privat eher mit Menschen abgibt, die man halbwegs ausstehen kann? *Geselliger Kokon*.

«Wir laden sehr selektiv eine neue Art von Gästen zu uns nach Hause ein. Wir bewirten unsere Gäste im eigenen Heim, jawohl, aber nicht aus den üblichen Gründen. Es geht nicht um das soziale und berufliche Fortkommen und auch nicht um größere Familienereignisse. Das Ganze hat mehr damit zu tun, daß wir uns mit Gleichgesinnten umgeben, die eine wohltuende Wirkung auf uns haben. (…) Die kühneren Gruppen bilden einen Menschen-Kokon und gehen in eng geschlossenen Reihen in nahegelegene Bars.» Das heißt dann neuerdings *Salooning*. Bislang kannte man diesen Trend unter dem Namen «Stammkneipe».

Und so wie dieser Begriff sind auch sämtliche sonstigen Verhaltensweisen des *Cocooning* oder *Salooning* in jeder beliebigen Epoche aufzufinden. Im Grunde ist damit nämlich nichts anderes als die alte soziologische Einsicht neu formuliert, die Kulturtheoretiker wie Georg Simmel bereits für die Metropolen der ersten Jahrzehnte unseres Jahrhunderts unter den Stichworten «Solidarität und Distanz» empirisch erhärteten. Um einen weiteren amerikanischen Zeugen anzurufen: Die Diagnose des *Salooning* – oder wie sich Faith Popcorn neuerdings gern ausdrückt: des *Burrowing* – hätte in einer Rezension des soziologischen Standardwerkes «Theory of the Leisure Class» von Thorstein Veblen stehen können. Erschienen ist das Buch 1899.

Wirklich interessant ist ein von der Trend-Schickeria bislang gänzlich unbeachteter Aspekt, der zur Diagnose des *Cocooning* verleiten könnte: Die Bereitschaft der ehemals jungen Wilden, nun immer häufiger auch daheim zu bleiben, ist nicht zuletzt darauf zurückzuführen, daß ihre Häuslichkeit und Intimität zu einem öffentlichen Thema wurde. Als Mitglieder der geburtenstarken Jahrgänge mit publikumswirksamer Konsumbiographie stellten sie sich eine überproportionale Öffentlichkeit in den Zeitgeistgazetten und ihren Nachfolgeprodukten her. Dann kamen sie in das Alter, in dem sie sich endgültig für oder gegen Kinder entscheiden mußten. Entschieden sie sich dafür, dann zogen sie sich, wie alle jungen Eltern, zwangsläufig ein wenig zurück. Und blieben doch in der Öffentlichkeit, indem sie ihre Schwangerschaften mit Hilfe der prominenten Leitfiguren überall sichtbar auf Titelblättern zelebrierten.

Visionen für den wirtschaftlichen Partyplausch

• *Fantasy-Abenteuer*
Einer der schönsten Werbeslogans gilt dem Lesen: «Abenteuer im Kopf.» Das galt immer schon. Auch wenn sich heute zusehends andersartig inszenierte virtuelle Welten durch Fernsehen und Computerspiele in den Vordergrund drängen, ist die Tendenz zu *eskapistischen Identifikationen*, wie Popcorn es nennt, nicht neu. Es ist die Frage, wie die jeweiligen Medien in Relation zur Erlebniskultur der jeweiligen Generationen gesetzt werden. Die Lektüre von Karl Mays «Buschgespenst» mag für die Jugendlichen der dreißiger, vierziger oder fünfziger Jahre eine ebensolche Entrückung aus der Wirklichkeit bedeutet haben, wie sie heute das Fernsehen ermöglicht. Perry Rhodans Abenteuer mögen die Frühform einer Wanderung durch Cyberwelten gewesen sein.

Diese Relativität wird im übrigen in den Beispielen bestätigt, die im «Popcorn Report» als Belege des neuen Trends zum *Fantasy-Abenteuer* angeführt werden: «Anheuser Busch (die amerikanische Bierfirma, Anm. H. R.) baut einen Dreihundert-Millionen-Dollar-Park mit exotischen Orten (der alte Westen, Polynesien, China) – in Madrid. Nicht, daß Madrid für sich genommen nicht schon ein völlig zufriedenstellendes Abenteuer wäre – aber dieser Park wird besser kontrolliert. Das Hotelunternehmen Hyatt plant, in den nächsten Jahren etwa 25 Fantasy-Hotels zu eröffnen. (…) Heute zieht Disneyland mehr Besucher an als die amerikanische Hauptstadt. (…) Nach seinem Erfolg in Japan eröffnet Disney einen vielsprachigen Park direkt vor den Toren von Paris.» Fazit: Der Trend zum *Fantasy-Abenteuer* unterstütze, so Popcorn, vor allem solche Produkte, «bei denen sich das Sichere und Vertraute mit einer abenteuerlichen oder exotischen Note verbindet».

In «Clicking», dem neuen «Popcorn Report», sucht man vergebens nach einer kritischen Bewertung der gestrigen Trends. Im Gegenteil – alles, was geschehen ist, wird zur Bestätigung umfrisiert. Damit kommt Faith Popcorn auf 92 Prozent Voraussage-Sicherheit. Brav schreiben die verspäteten Zeitgeist-Gazetten alles nach oder bedienen sich hier einer Vokabel und da eines kleinen Trends oder verbreiten die Marketing-Clippings der BrainReserve liebedienerisch als «Exklusiv-Interviews». Exklusiv sind dabei oft nur die mehr oder weniger originellen Übersetzungen der Redaktionen. *Cocooning* und *Fantasy-Abenteuer* also? Es mag sein, daß Disneyland mehr Besucher anzieht als die amerikanische Hauptstadt. Das gilt allerdings nicht für New York, San Francisco und vor allem die neue touristische Kultstadt Chicago. Euro-Disney kam nur mühsam in Fahrt. Was die Hyatt-Fantasy-Hotels betrifft, ist die Zahl 25 sehr hoch gegriffen. Eines steht in Südafrika. Ein zweites auf Hawaii, einer Insel, die seit Jahrzehnten zu den synthetischen Produkten der amerikanischen Honeymoon- und Holiday-Industrie zählt. Daß Anheuser Busch bei Madrid einen Vergnügungspark einrichtete, entzieht sich zumindest der Kenntnis der PR-Abteilung von Anheuser Busch. Die Stadt Madrid ist zudem eines der beliebtesten Ziele des Europa-Tourismus geworden. Die Freude an der Authentizität der wiedererwachten Kulturmetropole führt zur ausufernden Suche nach Besonderheiten, in denen sich auch die ja immer noch recht junge spanische Demokratie zelebriert. Die Zahl und die Auflage der Reisezeitschriften wie «Saison», «Globo», «Travel», «holiday» steigen beständig. Auf diesem Gebiet liegt eher Naisbitt mit seiner Beobachtung richtig. Die Zuwachsraten bei den Buchungszahlen zu «exotischen» – angemessener wäre: authentischen – Zielen sind ungebrochen.

Richtig ist, daß gleichzeitig auch die Zahl der Reisenden

wächst, die in sorgsam aufbereitete Reservate fliegen, in Club-dörfer oder *Sport resorts*. Für beide Trends – oder bescheidener: Verhaltensweisen – sind plausible Erklärungen vorhanden, die eine solide soziodemographische Basis haben. Die Ferienparks sind die Biotope von Singles, die es bequem haben wollen – ge-selliges *Cocooning*, wenn man so will. Es sind bequeme Einrich-tungen für junge Familien mit gesteigertem Anspruch, deren Zahl, wie im Kapitel über «Neue Eltern: Der Babyboom der Babyboomer?» erläutert, derzeit wächst. Es lassen sich ohne große Mühe Beispiele und Gegenbeispiele finden und Beispiele, die weder das eine noch das andere bestätigen, denn die Betäti-gungsfelder des Lebens der Menschen in modernen Gesellschaf-ten sind vielfältig.

Aber auch dafür hat Popcorn eine Erklärung, die sie schon im ersten «Popcorn Report» vorstellte:

• *99 Leben*
Wir alle leben viele Leben gleichzeitig. Diese Tatsache, die von Marketingfachleuten als das «multioptionale Konsumentenver-halten» beschrieben worden ist, wird für Popcorn zur Suche nach der Erfüllung mehrerer Bedürfnisse zur gleichen Zeit. Diese Bedürfnisse können erzwungen sein wie die Verarbeitung eines immer schneller anwachsenden Informationsstromes. Sie kön-nen aber auch gesucht sein wie die Lust am Spiel der Gleichzei-tigkeit, der «multiplen Persönlichkeit», wie es Soziologen in wortgewandter Modernisierung einer alten Einsicht genannt ha-ben – der Einsicht nämlich, daß ein Mensch immer mehrere Rol-len zu spielen gezwungen ist. «Wir durcheilten die achtziger Jahre in hektischer Betriebsamkeit», resümiert Popcorn, «Tele-fax- und Telefongeräte in der Hand, Turnschuhe an den Füßen, Babys an (mancher) Brust. Angetrieben von einem verrückten Ehrgeiz: möglichst viele Menschen auf einmal zu sein.» Der Zwang zur Hektik, dessen Ursprünge nicht erklärt werden, zwingt die Menschen nach ihrer Theorie zu einer neuen Zeitöko-

nomie. Daraus wiederum resultieren intelligente Konzepte für neue Dienstleistungen. «Espresso Dental in Seattle ist ein Triumph der Multifunktionalität: weltweit die erste Kombination von Zahnarztpraxis, Espressobar und Massagesalon. Plötzlich rutschen Freizeit und Zahnpflege in dieselbe Zeitspalte! In New York gibt es die Video Town Laundrette: ein Fahrrad zum Trainieren, Kopier- und Telefaxgeräte, 6000 Videotitel zum Ausleihen und Wascheinrichtungen. (...) BrainWash in San Francisco ist eine Wäscherei plus Café für die Künstler und Schriftsteller der Nachbarschaft.»

Alles richtig.

Nur nicht neu.

Nicht einmal für die europäischen Länder, in denen einer volkstümlichen Diagnose zufolge die amerikanischen Trends immer ein paar Jahre später greifen.

• *Egonomics*

Auch in diesem Bereich dient Popcorn ein Schlager als Illustration: «I did it my way.» Doch wie bei «Gimme shelter» übergeht sie auch hier elegant die Tatsache, daß er aus ganz anderen Zeiten stammt. Sinatra sang dieses Lied zum erstenmal im November 1968 in Los Angeles. Es könnte allenfalls als Beleg für den Ichbezug dieser vergangenen Epoche gelten. Statt dessen behauptet sie ebenso schlicht wie selbstbewußt, es sei unvorstellbar, «daß frühere Generationen ‹I did it my way› (...) mit der gleichen ichbetonten Leidenschaft gesungen hätten, wie es in den siebziger und achtziger Jahren geschah». Diese Ichbetonung zeige sich in der zunehmenden Zahl von individualisierten Angeboten. Das Ende der Großserienfertigung in jedem Bereich, der – schon 1973 in einem Beitrag der kommunikationswissenschaftlichen Zeitschrift «Public Opinion Quarterly» so genannte – *Decline of mass media*, also die Diversifizierung des Medienmarktes in immer speziellere Angebote, individuell zubereitete Kosmetik, Jeans für jeden

Geschmack, eine ganze Palette «persönlichkeitsgerechter Produkte» kennzeichnet für Popcorn den unaufhaltsamen Trend zu den *Egonomics*.

Auch das ist richtig.

Aber auch das ist schon lange richtig.

Und so gilt hier wie beim *Cocooning*, den 99 *Leben* oder den *Fantasy-Abenteuern*, daß etwas wortgewaltig publizistisch inszeniert wird, das zu den Selbstverständlichkeiten der nachindustriellen Gesellschaft zählt, die mit zunehmender Produktivität die Zahl der Möglichkeiten steigert.

Nicht anders geht Popcorn bei der Erläuterung der weiteren Trends vor, deren intensive Erörterung deshalb nur die Zeit der Leser unbotmäßig beanspruchen würde:
- kleine Genüsse,
- aussteigen,
- länger jung bleiben,
- möglichst lange leben,
- der wehrhafte Verbraucher,
- rettet unsere Gesellschaft.

Was also bietet «Clicking» Neues? Fast nichts. Man schreibt von sich selber ab, setzt hier und da einen neuen Akzent, dasselbe wie bei Naisbitt. Wenn irgendwo das Wort *fraktal* gilt, dann hier: Selbstähnlichkeit der Produkte einer geistigen Vermarktungsmaschinerie, die aus nichts anderem besteht als aus aufgeblasenen Worten. *Pleasure revenge* zum Beispiel. Die Menschen wollen sich nicht mehr durch übersteigertes Gesundheitsbewußtsein, Krisengerede oder *Rezessionskultur* in die lustlose Enge eines Sparlebens treiben lassen. Sie werden bewußt kleine Sünden begehen und Rache nehmen an einer Gesellschaft, die ihnen zu viele Vorschriften macht. Dazu gesellt sich das *Wilde ring*, das Leben draußen, die pionierhafte Überschreitung der eigenen Grenzen, oder *Icon Toppling*, das irgendwie den *Fantasy-Abenteuern* ähnelt. *Cocooning* ist wegen des Dauererfolgs verlängert, wenn auch in alle erdenklichen Varianten differenziert. Insgesamt sind es nun zwölf Trends, die in der *TrendBank* von BrainReserve lagern.

Der BrainReserve-Service

Popcorn zeichnet das Porträt einer reichen, differenzierten Gesellschaft, in der die medialen Anreize die Menschen mit immer mehr Informationen über Verhaltensmöglichkeiten versorgen. Dabei dominieren im *Sample* der 3000 Interviews, die BrainReserve nach Angaben von Faith Popcorn monatlich – nach einem eigenen Verfahren namens *TrendProbe* oder auch *ConsumerListen* – durchführt, sowie in den Vorschlägen für Unternehmen offensichtlich großstädtische, konsumfreudige und innovative Charaktere. Randgruppen, neue Arme, die Probleme der Welt sind uninteressant. «Ich bin keine Soziologin», sagt Popcorn im Interview, «sondern arbeite für Unternehmen, die nichts anderes als verkaufen wollen. Meine Aufgabe ist es, Trends zu erkennen, nicht, sie zu kritisieren. (...) Meine Aufgaben beschränken sich auf die Konsumenten der westlichen Welt. Da aber plädiere natürlich auch ich für eine Verbesserung der Ausbildungsmöglichkeiten auch der Minderheiten.»

Diese Zielgruppen stellen auch die Kernleserschaft solcher Medien dar, die sich gern mit der Ausschau in die Zukunft schmücken und der Trendindustrie à la Popcorn eine stets bereite Plattform zur Selbstdarstellung bieten. Es ist modisch geworden, über Trends zu plaudern. Das Wort allein dokumentiert Modernität, Dynamik, Überraschung. Interessanterweise zählen jene Zeitungen und Zeitschriften wiederum zu den Objekten der Lektüre, mit deren Hilfe sich die «Trendforscher» ein Bild von der Wirklichkeit machen. Dreihundert (mit wenigen Ausnahmen amerikanische) Titel werden von BrainReserve regelmäßig analysiert, gewöhnlich von drei Lesern, drei Stunden am Tag. Es sind Zeitschriften mit allgemeinen Informationen, Männermagazine, aktuelle Tageszeitungen, populäre Wissenschaftsmagazine, Gesundheitsmedien, Gourmetjournale, Wohnzeitschriften; Magazine für Reisen, Unterhaltung und Klatsch, Literatur und Kunst; die Wirtschaftsmagazine «Fortune», «Forbes», «Business Week», «Entrepreneur», «Inc.», «Business Ethics», «Economist» und «Japan Economic Journal»; Umweltzeitschriften; auch die Trendreports der Konkurrenz wie «John Naisbitt's Trendletter»; Mitteilungsblätter und Fachpublikationen: New Age und Exzentrisches, schließlich auch politische Zeitschriften wie «Washington Spectator», «Mother Jones» oder die «New Republic».

Deren Redaktion versuchte im Frühjahr 1994 mit Popcorn in Kontakt zu treten. Hin und her gerissen zwischen Faszination und Belustigung hatte man sich auf die Spur der Urheberin einer Reihe seltsamer Consulting-Angebote gemacht. «Bei den Vorträgen», so hatte Faith Popcorn in ihrem «Popcorn Report 1991» geschrieben, «ist es am aufschlußreichsten, was die Zuhörer zum Lachen bringt.» Was die «New Republic» zum Lachen brachte, war das Angebot eines Services namens *TrendPack*. Alle zwei Monate wird bei BrainReserve ein Päckchen mit Artikeln zusammengestellt, die die neuesten Trends veranschaulichen: «Ethnisch geprägte Musik von den Gypsy Kings; Terra Chips, knuspriges, buntes, leicht geröstetes Wurzelgemüse (...); Parfum zum Selbermachen; energiesteigernde Kräuterpillen; und sogar ein echtes (leeres) Crack-Röhrchen aus einer Dachwohnung in East Village.» Dieses Trend-Paket wird für einen Jahrespreis von 20000 Dollar an hundert Kunden geschickt, «die verfolgen, was sich im kulturellen Bereich tut». Wie hundert leere Crack-Röhrchen aus Dachwohnungen in East Village beschafft werden, bleibt Geheimnis der Undercover-Agenten von BrainReserve. Zu den Abonnenten zählen die Vorstände von Nabisco oder Burger King. Wer mehr will, steht vor einer beeindruckenden Palette phantasievoller Angebote:

- *TrendView* ist ein Zukunftsseminar für 20 bis 1500 Teilnehmer, auf dem die wichtigsten Trends (siehe oben) besprochen werden.
- Exkursionen finden unter dem klingenden Namen *TrendTrek* statt – in Spielzeuggeschäfte und Bäckereien zum Beispiel. Damit wird therapiert, was Popcorn *Corporate autism* nennt – zu deutsch etwa: Wirklichkeitsverlust. Man muß sich das vorstellen: Ein Häuflein aufrechter CEOs, die ansonsten nur in ihren Clubs und Bars verkehren, die auf Meetings das «Draußen» nur in Form von Umsatzschwankungen zur Kenntnis nehmen, lassen sich wie eine Kindergartenschar in den Laden an der nächsten Ecke führen.
- *BrainJams* sind Hausbesuche in Unternehmen – zur schnellen Lösung eines bestimmten Problems. Dieser Kontakt mit den Experten resultiert entweder im
- *TrendBending*, bei dem spezifische Teile der Trends betrachtet werden, oder in der
- *DiscontinuityTrendAnalysis*, einem Check der jeweiligen Produkte im Licht der von BrainReserve angebotenen Trends.
- Im Hintergrund dieses umtriebigen Servicenetzes operiert die *TalentBank*. Sie ist das Board «erstklassiger Stilexperten», deren Namen eindrucksvoll die Upper-middle-class-Orientierung des Beratungsunternehmens dokumentieren: zum Beispiel die Lifestyle-Autorin Maria Stewart, die Herausgeberin der Zeitschrift «Mirabella», die Laden-Designerin Joan Newbold, die Kochbuchautorin Lee Bailey, der Innenarchitekt Birch Coffey, die Mode-Designerin Diane Benson.

Mit dieser Namenliste ist gleich auch ein Teil des Erfolgs von BrainReserve erklärt: Es geht um die Identitätsfindung in einem geschichtslosen Dasein, das sich selbst nur durch Produkte inszenieren gelernt hat. David Riesman hat diese urtypische Eigenart der amerikanischen Mittelschicht 1962 in seinem weltberühmten Buch über den außengeleiteten Menschen in der «einsamen Masse» analysiert. In einem Zeitalter wie den achtziger

Jahren, in dem die Verfügbarkeit über identitätsstiftende Produkte sich erweiterte und die mühsam inszenierten Unterschiede durch Massengebrauch verschwanden, mußte der Markt der Konsumgüter sich in rascher Folge ausdifferenzieren. Von diesem Bedürfnis nach Identifikation leben die Savoir-vivre- und Lifestyle-Blätter, leben die Unternehmen, die es schaffen, mit Produkten oder Labels zu Signalen der Zugehörigkeit und der Abgrenzung zu avancieren. Und es leben davon sehr opulent, wie man sieht, die Trendberater. So opulent, daß die Zeit kaum ausreicht, atemlos hinter den vielen Engagements herzuhetzen.

«New Republic's» Waterloo

Der Versuch der Zeitschrift «New Republic», Faith Popcorn zu einem Interview oder gar nur ans Telefon zu bekommen, scheiterte jedenfalls. An ihrer Stelle antwortete die vielen Journalisten mittlerweile einschlägig bekannte Pressedame Mary Kay Moment. «Faith erhält derzeit so viele Interviewwünsche, daß es unmöglich ist, sie alle wahrzunehmen. Aber ich würde Ihnen gerne einige Informationen zufaxen, die wir haben. Sie können dann mit jemandem anderen in ihrem Büro sprechen. Das Zitat können Sie dann Faith zuschreiben, wenn Sie den Namen Ihrer anderen Kontaktperson nicht verwenden wollen.»

Economy of scale der Zitateproduktion, ein eindrucksvolles Beispiel der Rationalisierung – denn: «Faith ist nicht in der Lage, mit jedem, der anruft, persönlich zu sprechen. Aber wir möchten gern jedem draußen helfen. Dies ist einer der praktikablen Wege, die wir entwickelt haben.» Da nun aber die «New Republic» – immerhin eine der wichtigsten linksliberalen Stimmen in den USA – die Liste der politischen Zeitschriften anführt, die bei BrainReserve auf Trends durchgesehen werden, beharrte die Redaktion auf einem persönlichen Kontakt mit der Trend-Diva. «Sie berät sich mit ihren PR-Leuten», erwiderte Mary Kay

Moment (nach Wochen). «Ich bedauere, Ihnen mitteilen zu müssen, daß sie Ihre Zeitschrift nicht kennt – *she's just not familiar with your publication.*»

Das mag ein Einzelfall sein, auch wenn in «New Republic» unter Zusicherung der Anonymität zitierte ehemalige Mitarbeiter behaupten, daß BrainReserve seine Trends aus «McCalls», «Woman's Day» sowie den Reise- und Lifestyle-Beilagen der «Times» destilliere. Interviews? Gäbe es nicht. «Sie haben nie existiert und sie werden nie existieren. (...) Aber was soll's: Ich will ihr nichts vorwerfen. Es ist ja nicht so, daß sie Kinder ausraubt. Es sind gestandene Busineßleute, die einen Haufen Geld für dieses Zeug rauswerfen.» Daß ob solcher Mutmaßungen Ärger in der Branche professioneller Marktbeobachter um sich greift, ist verständlich – zumal es nicht möglich ist, sich anders konkret mit den Visionen von BrainReserve auseinanderzusetzen. Es gibt kein statistisch aufbereitetes Material über die Ergebnisse der 2500 bis 3000 Interviews, keine publizierte Kategorienliste für die Inhaltsanalyse der 300 Zeitschriften – im «Popcorn Report» schon gar nicht. Die großen, zum Teil viele Jahrzehnte alten demoskopischen Institute wie Louis Harris, Yankelovitch, Shulman & Glancy oder die halbamtliche Zeitschrift «American Demographics» können minutiös nachweisen, daß sie die von Popcorn (und vielen anderen) wortgewaltig verbreiteten Trends seit vielen Jahren als Aspekte des amerikanischen Verhaltens bereits dokumentierten, mit Zahlen, Fakten, soziodemographischen Zuordnungen und nüchternen Darstellungen. Peter Francese, Herausgeber der «American Demographics» und seit fünfzehn Jahren im Geschäft: «Ich habe auf Konferenzen neben Leuten gesessen, die für die Werbung von Großunternehmen verantwortlich waren und die sagten: ‹Ich brauche Ihr Magazin nicht. Ich bekomme alles von Faith Popcorn.›»

Darin liegt eines der Geheimnisse dieser mystischen Industrie – sie ist alltäglich und ohne große Interpretationen alltagstauglich. Auch im Alltag erhält der den meisten Applaus, der die anderen an einer Stelle unterbricht, an der sie eben die Pointe formulieren wollen – und diese Pointe für sich bucht. Wen interessieren da noch die Flops? Selbst die Repräsentanten betroffener Unternehmen, die von Popcorn mit einer verkorksten Werbekampagne bedient wurden, lassen nicht vom Glauben: «Die Lösung, die Faith vorgeschlagen hatte, war gut. Es war die richtige Lösung für die falschen Leute.»

KAPITEL 4

Guru aus dem Teufelsmoor:
Gerd Gerken

Die leicht unübersichtliche Erfindung
der Metatrends

Die Tendenz, Werbebroschüren zu Fachbüchern aufzublasen, hat auch in der deutschsprachigen Beratungsindustrie faszinierte Nachahmer gefunden. Einer der erfolgreichsten ist Gerd Gerken aus dem Künstlerdorf Worpswede am Rande des Teufelsmoores bei Bremen. Nach eigenem Bekunden verrechnet der auch in Miami ansässige «Trend-Guru» pro Tag zwischen 10 000 und 40 000 Mark. Wer es billiger möchte, wird wenig Probleme haben. Denn Gerken gehört zu den unausweichlich präsenten Selbstvermarktungsgenies, die es blendend verstehen, die Spotlights der Publizistik auf ihre Person zu richten. Er schreibt (oder diktiert) schneller, als sein Publikum lesen kann. Auch aufmerksame Leserinnen und Leser werden große Mühe haben, ein Konzept zu entdecken. Am ehesten geht das noch in einem seiner letzten Bücher, «Trendzeit». Dort plaudert Gerken in signifikantem Unterschied zum Megatrend-Autor Naisbitt und zur Trendmarketing-Diva Popcorn über *neun bedeutende Metatrends*, die das Management von morgen entscheidend verändern werden. Aus diesen *Metatrends* wurden auch die nächsten und vorerst letzten Elaborate «Trends 2015» und «Magische Masse» geschnitzt.

Eine These zieht sich durch alle Veröffentlichungen: Der erste und wichtigste Trend ist der altbekannte

- *Postmodernismus*

«Die Welt wird nur dann zu einem Problem», erläutert Gerken, «wenn wir die falsche Zukunft erfinden.» Das ist nicht von der Hand zu weisen. Verwirrend allerdings ist vor allem die Tatsache, daß innerhalb dieses Kapitels, das ja einen der *neun Metatrends* ausweist, für die neunziger Jahre *vier weitere Metatrends* identifiziert werden:

– Die *Aussteiger* kommen wieder oder: aussteigen zu sich selbst. Das Ziel ist die Selbstgestaltung des Selbst.

– *High Spirit* für jedermann: «Das Ganze könnte auch mit Kundalini und Tantra zu tun haben, also mit sexualisierter Spiritualität, aber eben in ganz neuer Form, abgelöst vom alten Tao und von alten indischen Dogmen. (...) Alles in allem: Das spirituelle Pulverfaß ist deutlich da.»

– Eine Avantgarde von *Gegnern der Demokratie* entsteht: «Durch das Ende des Kommunismus wird der Weg frei für die Perestroika der Demokratie (...) Telekratie.»

– Sehnsucht nach *kultureller Abrüstung*: «Immer mehr jüngere Menschen werden sich von den Mustern ihrer nationalen Kultur trennen, weil sie sich nicht mehr nationalistisch fühlen können. Die Identitäten globalisieren sich.»

Das also seien *vier Metatrends* (innerhalb des ersten der *neun Metatrends*?). Mit dieser Vernebelung der Argumentationsebenen beginnt das Problem der Zuordnung. Es setzt sich fort, wenn wiederum innerhalb der *vier Metatrends* weitere *acht Einzeltrends* diagnostiziert werden, die für das Busineß Bedeutung haben. Abgesehen davon, daß auch hier die Pauschalität «des» Busineß in einer differenzierten Marktwirtschaft nur sehr diffuse Vorstellungen erlaubt, ist nicht einsichtig, auf welche Weise sich diese *Einzeltrends* von den *Metatrends* qualitativ unterscheiden.

Die acht *Einzeltrends* sind:

– Die Durchsetzung von *Hyper-Realismus* und *konstellativem Denken*.

- Das Entstehen einer *multiplen Identität*.
- Das Überwinden der alten Esoterik: *Light Age* wird wissenschaftlich, und die Technologie steuert auf Solar und Licht.
- Die Entdeckung der *Öko-Mafia*.
- Die Entdeckung von *Personality*.
- Das *Ende des Generationsvertrages*: Der Kampf «Alt gegen Jung» beginnt.
- Die *Verabschiedung von Ehe und Familie*: «Die evolutionäre Liebe wird die romantische Liebe ablösen.»
- *Deutschland* entwickelt sich zu einem natürlichen Magneten in Europa.

Damit ist die Arbeits- und Argumentationsstrategie Gerkens bereits im Ansatz charakterisiert:

Empirische Einzelbefunde werden mit philosophischen Gedanken durchsetzt und durch modernistisch klingende Begriffe zusammengefaßt. Gesellschaftspolitische Konzepte durchmischen sich mit esoterischen Welterklärungen. Ob die Begriffe, Konzepte, Ideen, Befunde jeweils jenseits ihres Kontextes haltbar sind, ob sie – was wichtiger ist – in dieser bunten Mischung überhaupt zusammenpassen, ist höchst zweifelhaft. Aber das Stakkato der in einfachster Syntax («Das spirituelle Pulverfaß ist deutlich da!») abgefeuerten Weisheiten zwingt zu einer derart atemlosen Rezeption, daß eine analytische Auseinandersetzung mit den Aussagen kaum möglich ist. Zudem zeigt sich bei fortschreitender Lektüre, daß – wie bei Faith Plotkin-Popcorn – auf höchst geschickte Weise allein durch die schwelgerisch vor Neologismen sprudelnde Sprache der Eindruck einer faszinierenden Zukünftigkeit des eigenen Denkens erzeugt wird. Diese Diagnose von Denkstrategie und Argumentationsstil erhärtet sich bei der Auseinandersetzung mit den weiteren acht der neuen *Metatrends*, die hier nur skizziert werden können:

- *Crossing*

Alles vernetzt sich mit allem. Fazit: «Immer mehr Trends benötigen die Kraft anderer Trends, um überhaupt zum Trend werden zu können.» Notwendig wird eine *Interplay-Logik*. Strategie für Unternehmer: «Mach mehr Unterschiede als derzeit möglich sind!» Denn «der neue Massenartikel entsteht aus dem Flow des Weltbewußtseins».

- *Chaotischer Futurismus*

Die Ekstase der Märkte beginnt. «Je mehr Chaos entsteht, um so mehr wird gleichzeitig richtig. Deshalb besteht die Intelligenz der Trends aus ihren Widersprüchen.» Strategie für Unternehmer: *Chaos-Management* und *Trial-Planung*, die dafür sorgt, «daß das Unternehmen permanent im fluktuierenden Kontext bleibt, also in der Evolution des Umfeldes».

- *Telematik*

Die neue Kraft der Selbststeuerung: «Trends haben die Aufgabe, den Augenblick zu finden, der uns zu den Paradoxien des Lebens führt.» Unsere Kultur beginnt, ihr grundlegendes Paradigma zu ändern: Sie mutiert vom stabilen Sein zum *offenen Werden* durch das Erfinden. Wir werden zu Nomaden des Geistes, weil wir intensiver als je zuvor die unbekannten Zukünfte suchen. Das ist der *Simuli-Trend*. «Simuli», so Gerken, «sind das Gegenteil von Stimuli. Sie sind also Impulse des Geistes für den Aufbau von inneren Welten. Simuli sind die Impulsgeber für das Erfinden von Neuem: für Mind design.»

- *Soft culture*

Erfinden ersetzt Entscheiden. Gerkens Alternative zum Lean Management: «Es wird immer leichter, Konsumenten zu manipulieren, wenn man bereit ist, zum Dienstleister von Simulation zu werden. (…) Man ist dann dasjenige Szenen-Mitglied, das mit riesigen Ohren zuhört, wo und wann sich im permanenten Rau-

schen der Simulationen diejenigen Simulationen entwickeln, bei
denen es sich lohnt, sie zu unterstützen, weil aus ihnen eines
Tages diejenige Lifeware oder Selfware wird, die den Markt
zwingt, sich an das Unternehmen oder seine Produkte anzupas-
sen.»

- *Expansives Denken*
Das Ende der Intuition: «Wenn es zu viele Wahrheiten gibt, wird
alles zur Zufälligkeit. Wenn alles zur Zufälligkeit wird, ist die
Freiheit am größten.» Das Bewußtsein der Konsumenten ent-
stehe immer weniger durch Kommunikation als durch Inter-
aktion. Computer und die Faszination für die Cyberwelten, die
auch Faith Popcorn stets zu enthusiastischen Szenarios hinrei-
ßen, verdichten sich zur Gerkenschen Theorie der *Intersubjekti-
vität*, die den egoistischen Individualismus ablöst.

Das ist allerdings auch wieder nicht mehr als eine aus dem
Kontext gelöste, alte soziologische Einsicht. Ihr Vordenker,
George Herbert Mead, hat diesen Grundgedanken bereits 1930
in seinem lesenswerten wissenschaftlichen Werk über den *gene-
ralized other* ausformuliert. Die Theorie: symbolischer Inter-
aktionismus. Der Titel des Buches: «Mind (!), Self and Society».

- *Neue Polarität*
Die Abenteuer wandern in die Innenwelt. Auch das hat die Kollegin Popcorn schon prognostiziert, obwohl ihre *Fantasy-Abenteuer* nicht so hübsch beschrieben sind wie bei Gerken: «Die
Trends tanzen die Strukturen schwindlig. So wird alles zum
Strudel der Befreiung.» In diesem Strudelteig der Befreiung wird
es endlich auch einen neuen Typus Mann geben. In nicht ausge-
sprochener Anlehnung an Camille Paglia (bei Gerken in der Eile
der Parforce durch die Trendliteratur in einem anderen Zusammenhang fälschlicherweise Paglias genannt) entdeckt er das
Konzept des *wilden Mannes* als Ausdifferenzierung einer neuen
Polarität zum Weibe und zum Softie.

- *Ferne Mythen*

Wohin verschwindet die Wirklichkeit? Offensichtlich ins Chaos. Denn «das Ich ist eine fraktale Dynamik seiner eigenen Erfindung» – behauptet zumindest der Schlußsatz der «Trendzeit»-Parforce.

- *Interfusion*

Auf den Trends surfen: «Die Punkt-Zeit ist diejenige Zeit, die zuläßt, daß Zukunft und Gegenwart zugleich geschehen können.» Das heißt auf deutsch: Die Marketingbemühungen von Unternehmen sollten sich stärker auf die gestaltende Kraft der Phantasien ihrer Kundschaft beziehen: *Co-Evolution.* Damit wird nun auch bei Gerken klar, daß immer, wenn von «Unternehmen» oder vom «Buseneß» die Rede ist, allenfalls ein bestimmter Sektor der Dienstleistungs- und Luxusindustrie gemeint sein kann. In der Beispielsammlung von Faith Popcorn wurde dieser «Segmentarismus» der Perspektive ebenfalls deutlich.

Damit entlarvt sich die gesamte Trendliteratur als Auseinandersetzung eines Lifestyle-Marktes mit sich selbst. Denn wenn man genau hinschaut, ist die sogenannte *Interfusion* für ein Unternehmen, das Dichtungsringe oder Halbleiter herstellt oder Industrieminerale fördert, Mineralwasser abfüllt oder Tee importiert, Werbung betreibt oder Zeitschriften herstellt, seit mindestens einem Jahrzehnt notwendige Voraussetzung des Überlebens. Die Vielfalt der Abnehmer zwingt dazu, computer- oder marktforschungsgesteuerte Differenzierungen der Produktpalette zu entwerfen. In weniger dramatischer Weise zeigen beispielsweise auch die architektonischen Konzepte der Fertighausbauer, daß *Interfusion* längst eine Selbstverständlichkeit und keineswegs eine Revolution ist, die in irgendeiner *Punkt-Zeit* geschieht, in der Gegenwart und Zukunft gleichzeitig stattfinden.

Für die Werbung, ganz gleich, ob sie als klassisches *Adverti-*

sing, als *Direct-mailing*, als *Promotion*, *Event-marketing* oder in irgendeiner sonstigen Variation konzipiert wird, ist das *Briefing*, die detaillierte Absprache zwischen Kunden und Agentur, wesentliches Element der Gestaltung. Die Autoindustrie wird ohne die konkrete Berücksichtigung der vielfältigen Kundeninteressen durch Sonderzubehör, spezielle Produktlinien und Services nicht mehr auskommen. Das gilt für den gesamten Fahrzeugbau – die Hersteller von Eisenbahnen ebenso wie für die Entwickler neuer Flugzeugtypen. Der Erfolg der kleinen Canadair-Jets ist ein prägnantes Beispiel. Die Ausweitung der Streckennetze auf kleinere Destinationen, die wachsende Konkurrenz und die sinkende Auslastung der größeren Flugzeugtypen haben zur kundenorientierten Entwicklung von Zwischentypen geführt, die die Geschwindigkeiten des «normalen» Jets mit der Wirtschaftlichkeit kleinerer Maschinen kombinieren. Im Bereich der Industriemineralien schließlich ist die gemeinsame Entwicklung von Produkten etwa für die Papierindustrie, auf dem Sektor der Füllstoffe für Kunststoffe, Gleitmittel für Farben oder in der Kosmetikindustrie nur in einem *Joint-development* von Hersteller und Anwender denkbar.

Dienstleistungen aus dem Künstlerdorf

Selbst die hartgesottensten Leser der aktuellen Managementliteratur werden sich nach hundert Seiten Gerken (und die meisten seiner Bücher umfassen zwischen 400 und 800 Seiten) nach der vergleichsweise übersichtlichen Sprache der Soziologie sehnen und tätige Reue dafür schwören, daß sie deren Vokabular früher verlacht und diskriminiert haben. Der Vorsatz ist nicht nur edel. Er ist vor allem zielführend. Denn die mutige Nachfrage bei einem Soziologen wird zur Aufklärung führen: Was Gerken hier in sein Konglomerat einmischt, ist nichts anderes als die von Paul Watzlawick schon lange sowohl informativer als auch unterhaltsamer popularisierte wissenschaftliche Debatte um den *Konstruktivismus*. Der geht im Grunde schon auf Kant zurück, ja prägt die gesamte Geistesgeschichte und umspielt die Frage, ob die Welt objektiv vorhanden oder nur durch das menschliche Zutun denkbar sei. Es ist die Frage danach, wie wirklich die Wirklichkeit sei.

Gerkens Kenntnis aller Meta-, Mega-, Einzel- und sonstigen Trends resultiert indes aus der Arbeit des «Instituts für Trendforschung», das er im Künstlerdorf Worpswede unterhält, in einem mit anthroposophischer Linie von Bernard Hoetger in den frühen zwanziger Jahren erbauten Architekturjuwel. «Das Institut hat es sich zur Aufgabe gemacht, der Wirtschaft im deutschsprachigen Raum wichtige zukunftsweisende Trends in qualifizierter und regelmäßiger Form zu präsentieren.» Die Methode: das *Radarsystem*. Es basiert laut Selbstbeschreibung des Instituts am Schluß der Gerkenschen Bücher «auf 26 Megatrends und beobachtet kontinuierlich die dynamischen Verläufe von rund 170 Trends. Darüber hinaus werden globale Metatrends diagnostiziert und ganze Trendlandschaften beschrieben.» Grundlage seien *Inhaltsanalysen (Content analyses)* von «Medien mit frühen Inhalten», Expertenauskünfte und teilnehmende Beobachtung, dieses insbesondere in Szenen, Subkulturen und avantgardistischen Initiativen.

In einer Fülle von Angeboten streut der Zukunftsberater seine Erkenntnisse und Einsichten unters zahlende Volk. Ein «Zukunftsletter» konzentriert sich hauptsächlich auf deutsche, europäische, amerikanische, japanische und High-Tech-Trends. Eine Reihe von Beilagen vermitteln den Eindruck, daß im Hoetgerhaus in Worpswede und neuerdings im Büro in Miami ein Troß höchst gelehrter, methodisch versierter, kosmopolitischer, didaktisch geschulter Brahmanen tätig ist. «Brain» bringt die aktuellsten Trends der Gehirnforschung und Bewußtseinspraxis; «World» vermittelt die aktuellen Trendsignale aus der Welt des Designs und der Kultur; «Los Angeles» zeigt Trends aus Kalifornien, «Miami» Lifestyle-Trends aus Florida, «Pacific» aus der Pazifikregion, «New York» aus New York. Was man noch bestellen, buchen und besuchen kann: «Gerken in Zukunft» – grundsätzliche Richtungstrends für das Busineß, im Abonnement; *Trend-Seminare* in Hamburg oder München; *Exklusiv-Seminare*, die hauptsächlich ganzheitliche und globale Metatrends aufarbeiten. Weiter wird angeboten eine *progressive Visionsberatung* im Hinblick auf Führung, Organisationsprobleme, Personalpolitik, Fortbildung und Personalentwicklung, Marketing und Interfusion, Öffentlichkeitsarbeit und Issue-Politik, Lobby- und Verbandsarbeit, Produktentwicklungen und Innovation, Design- und Identity-Architektur, Marken. Darüber hinaus schneidert Gerken mit einem *exklusiven Trend-Monitoring* den Entscheidern unterschiedlicher Branchen ein Beratungskonzept zurecht, das nur «einmal pro Branche vergeben werden kann». Daß persönliches *Coaching* für Manager, *Marken-Tuning* (obwohl Gerken lautstark das «Ende der Marken» propagierte) und exklusive *Workshops* wie der einmal im Jahr durchgeführte *Visionstag* oder der ebenfalls einmal im Jahr stattfindende *Evolutionstag* das Angebot abrunden, ist beim ohnehin schon universalistischen Programm kaum verwunderlich.

Gerken auf dem Prüfstand – seiner selbst

Konsequenterweise bewertet Gerken in seinem Buch «Trendzeit» auch die eigene Arbeit. Er stellt die «Trends für das Jahr 2000», die er 1989 publizierte, auf den Prüfstand. Und siehe da: Es ist alles eingetroffen. Der Trend zum *Ökosozialismus*, der Trend zur *Informationsökonomie* und der Trend zum *Bewußtsein*, den Gerken in «Geist» 1991 mit asiatischer Philosophie unterfütterte. «Nun, das ist ein absoluter und brillanter Volltreffer gewesen», resümiert er seine eigenen Bemühungen. Bei dieser Brillanz der Vorhersagen ist es nicht verwunderlich, wenn auch der Trend zur *Fragmentierung*, der Trend zum *visionären Konservativismus* und der Trend zum *CIM-Marketing* «mächtig im Kommen» sind.

Eine Frage, die sich dem soziologisch ausgebildeten Leser auch hier wieder stellt, ist die nach dem Neuigkeitswert dieser Einsichten. Die zweite Frage bezieht sich auf die Verständlichkeit. Gerken ist ein Meister der Wortschöpfungen. Ob seine Kreationen auch tragbar sind, ist lange schon Gegenstand eines heftigen öffentlichen Disputs. Ein Beispiel mag demonstrieren, woran sich die Irritation seiner Kritiker entzündet und wie eine simple soziodemographische Beobachtung – die der gesellschaftsverändernden Kraft der geburtenstarken Jahrgänge – mit einem klingenden Begriff zum Bewußtseins-Talmi degradiert wird, das sich dann als überraschende Erkenntnis ausgibt.

«Der fünfte Trend meines ersten Trendbuches war der Trend zum visionären Konservativismus: Die Babyboomer verändern unseren Lifestyle. (...) Dieser Trend ist jetzt auf dem Höhepunkt, er dürfte also zwischen 75 und 95 Prozent Durchdringungsgrad haben, das heißt, die jetzige ‹neue Spießigkeit›, wie sie in den Medien häufig tituliert wird, hat sich voll ausgebreitet, und auch die von mir prognostizierte Konfrontation zwischen den Babyboomern und den neuen Alten ist ebenfalls weitgehend da. Die ersten Konflikte sind aufgebrochen. Wie ich damals prognostizierte, werden die Babyboomer ab 1990 massiv in die Wirtschaft eindringen, das heißt, ihr partizipatives Verständnis von Freiheit und Effizienz wird dafür sorgen, daß die Erosion des Kadersystems beginnt. (...) Immer mehr junge Nachwuchsmanager verlangen nämlich eine offene Kultur und eine Automatisierung der Entscheidungen. Dieser Trend ist so heiß und so reif, daß man nun wirklich sagen kann: Wer sich jetzt noch nicht trennt von autoritären Kaderprinzipien, der zerstört seine kollektive soziale Energie im Unternehmen.»

Zunächst zum Semantischen: Übersetzt heißt diese Passage, daß die *Babyboomer* mehrheitlich einen sogenannten *visionä-*

ren *Konservativismus* pflegen und unseren *Lifestyle* verändern. Dieser *visionäre Konservativismus* äußert sich in einer *neuen Spießigkeit*. Zudem ist die Konfrontation zwischen *Babyboomern* und *neuen Alten* ausgebrochen. Das hieße, daß auch eine Konfrontation des *visionären Konservativismus* und der *neuen Alten* zu beobachten wäre. Was die *neuen Alten* repräsentieren, müßte an anderer Stelle geklärt werden.

Nun dringen ab 1990 *Babyboomer* «massiv in die Wirtschaft ein. Mit ihnen dringt «partizipatives Verständnis von Freiheit und Effizienz» in die Wirtschaft ein. Das wiederum bedeutet, daß der *visionäre Konservativismus* sich als «partizipatives Verständnis von Freiheit und Effizienz» darstellt. Was ist das konkret? Gruppenarbeit, autonome Teams, partizipative Kultur bei Mercedes und Audi?

Der Durchdringungsgrad des Trends, daß die Babyboomer unseren *Lifestyle* verändern, liege zwischen 75 und 95 Prozent. Was heißt das für die Durchsetzung des «partizipativen Verständnisses von Freiheit und Effizienz»? Und wie verträgt die sich mit der *neuen Spießigkeit*, die ja den *visionären Konservativismus* prägt? Schließlich: Wer sind die *Babyboomer*? Routinierte Leserinnen und Leser werden im Register nachschlagen – wie es für ein Buch, das im wesentlichen von neuen Begriffen und neuartigen Begriffsvernetzungen lebt, selbstverständlich ist. Diese Dienstleistung immerhin offeriert Gerken seinem Publikum. Was die *Babyboomer* betrifft, wird es dünn. Sie erscheinen nur noch einmal auf der Seite 474, in einem Kapitel, das mit der Zeile überschrieben ist: «Der Abschied von den Zielgruppen kommt!» Dieser Abschied von den Zielgruppen bedeutet für Gerken übrigens nicht, daß nicht von einer *jungen Konsumgeneration* gesprochen werden kann – also von einer großen Schar von Menschen, «die Babyboomer und ihre Kinder, die man Echoboomer nennt». Und diese Generation springt immer ungenierter von *Lifestyle* zu *Lifestyle*. Man wird sich also die Mühe machen müssen, im ersten Trendbuch Gerkens nachzuschlagen, um zu erfahren, wer präzis die *Babyboomer* sind und welchen Anteil sie an unserer Gesellschaft haben. Zahlen gibt es aber auch da keine.

Das fraktale Chaos der Trendzeit

Die Kombination aus einfachster Syntax und einer hochkomplexen Semantik, die im wesentlichen von einer anglizistischen Einfärbung bekannter Begriffe lebt, charakterisiert Gerkens öffentliche Werke, seine Bücher, Vorträge und *Newsletters.* Dabei werden zusätzlich und als Belege in hochverdichteter Form die Kernbegriffe neuer Forschungszweige wie etwa der Chaosforschung eingestreut – dies im übrigen nicht nur bei Gerken, sondern auch bei seinen Mitstreitern im Geiste, Gertrud Höhler und Matthias Horx. Einzelergebnisse, die Abhängigkeit von bestimmten Wissenschaftskontexten wie etwa der Mathematik, Zweifel, wissenschaftliche Kontroversen, unterschiedliche theoretische Zugänge und Relativierungen der Praxisanwendungen werden ignoriert.

Das läßt sich wiederum eindrucksvoll an wenigen Passagen aus verschiedenen Vorträgen illustrieren. Die seit den frühen siebziger Jahren weithin bekannte Tatsache des *Decline of mass markets* wird von Gerken in den hochmodischen Begriff des *fraktalen Marktes* gekleidet. Der Begriff *Fraktal* ist aus der nichteuklidischen Geometrie entlehnt, wie sie 1975 von Mandelbrot entwickelt wurde, und hat sich zu einem Modewort gemausert, das beispielsweise auch bei der Charakterisierung neuer Büro konzepte verwendet wird. Was heißt nun *Fraktal*? Ein Fraktal besitzt – so formuliert der Brockhaus – die Eigenschaft der «Selbstähnlichkeit, d. h., jeder noch so kleine Ausschnitt ähnelt bei entsprechender Vergrößerung dem Gesamtobjekt». Bei Gerken gerinnt die Erklärung zu folgender Formel: Ein Fraktal sei nichts anderes als das, was der Nobelpreisträger Gert Binnig als «homogene Inhomogenität beschrieben hat». Aha. Die Konsequenz: «Man muß also die wachsenden Unterschiede und Moden immer wieder zu neuen Homogenitäten zusammenfassen.»

Klaus Brandmeyer, Markentechniker aus Düsseldorf, kommentiert den Ansatz Gerkens kritisch: «Ich denke, daß sein Gebrauch des Begriffs ‹fraktal› nicht zusammenpaßt mit dem, was die fraktale Geometrie damit meint, nämlich dem Prinzip höchster Selbstähnlichkeit. Denn bei Gerken geht es immer um die Nicht-Selbstähnlichkeit, um das ständige Aufbrechen der Selbstähnlichkeit, weil er Erstarrung fürchtet.» Es sei überhaupt eine falsche Konsequenz, immer mehr Bewegung in die Marken zu bringen, denn er beschäftige sich «mit dem kleinen Prozentsatz von Menschen, die eine Gesellschaft durch Ideen, Innovationen und Wechselbereitschaft unter Dampf halten. Aber die entscheidende Gruppe, um die es im Markt geht, also die Ernährer der Marken, machen 80 bis 85 Prozent aus. Die scheuen nichts mehr als den Wechsel. Diese Leute hat Gerken nicht im Blick. Er hat die anthropologische Konstante nicht im Auge, daß der Mensch vor allem Gestaltsicherung sucht und betreibt und nicht Gestaltänderung.» Das wiederum bedeute nicht Bewegungslosigkeit im Marketing. «Die Möglichkeiten des Marketing, auf Marken einzuwirken, sind langfristig nicht ausreichend, um Marken wertsteigernd zu führen. Zugleich wird der strategische Wert der Marken für die Unternehmen immer deutlicher; etwa dadurch, daß keine neuen Marken eingeführt werden, sondern unter bestehenden Marken neue Produkte.»

Diese Diagnose wird von der Marketingberaterin und Psychologin Carmen Lakaschus geteilt: «Je stärker und attraktiver eine Marke ist, je mehr wünschenswerte Nutzenaspekte sie besitzt, gekoppelt mit einem guten Preis-Leistungs-Verhältnis und einer gewissen Ökologieverträglichkeit, desto mehr gibt sie den Verbrauchern das Gefühl der persönlichen Befriedigung und des guten Gewissens.» Ulrich Morasch, Marktforscher in Heidelberg, argumentiert, daß «gute Marken» so schnell nicht altern und «vordergründige Modernität nicht nötig haben». Am Beispiel der hektischen Beweglichkeit der Benetton-Auftritte und dem gleichzeitigen Verfall der Sympathiewerte illustriert Morasch die Gefährlichkeit der Verallgemeinerung der postmodernen Thesen des *fraktalen Marktes*.

Man kann es auch so formulieren: Gerken beschäftigt sich mit den publizistisch überbetonten Bewegungen von Moden, *Feelings* und kurzfristig zu Trends hochstilisierten Zurschaustellungen von Accessoirs, mit denen eine bestimmte Schicht von Konsumenten herumspielt. Wir werden noch sehen, daß beispielsweise die sogenannte *junge Konsumgeneration*, die von *Lifestyle* zu *Lifestyle* springt, sehr bald zu Konstanz und Konsumtraditionalismus zurückfindet, wenn eine dauerhafte Beziehung oder gar eine Familie gegründet wird. Trotzdem zeigt sich auch in dieser Spielerei ein einheitlicher Trend. Das räumt auch Gerken ein. Auf einer empirisch nicht näher definierten übergeordneten Ebene gibt es große Gemeinsamkeiten – wie wieder beispielsweise der Ausdruck von der *jungen Konsumgeneration* nahelegt. Gerkens Analyse präzisiert – richtig – also eine bestimmte in den Gesamtmarkt eingelagerte Schicht von unübersichtlichen Verhaltensweisen. Die Reaktion darauf müsse durch eine übergeordnete Homogenität charakterisiert sein. Diese übergeordnete Homogenität sei nicht mehr durch klassische *Nutzen-Dächer* zu definieren, weil durch die Betonung der persönlichen Vorteile die Welt der schnellen Moden nicht repräsentiert sei. «Man muß also alles eine Etage höher aufhängen: Aus den bisherigen Dächern der Marken werden Mythen, weil die Mythen so universal sind, daß sie die Kraft haben, alle fraktalen Moden zu vereinen. Oder anders gesagt: Nur Mythen haben die Kraft, die schnellen Moden zu steuern.» Mythen als Lösung – aber wie geht das? Wie macht ein Unternehmen aus Dichtungsringen, Eisenbahnwaggons oder Tonerprodukten für Farbkopierer einen Mythos? Wieder zeigt sich, daß die verbale Spielerei sich auf eine schmale Schicht der öffentlich sichtbaren Luxus- und Konsumgüter beschränkt, die durch ihre Austauschbarkeit unter Konkurrenzdruck geraten sind.

Es würde zu weit führen, an dieser Stelle all den Assoziationen nachzugehen, die Gerkens Anleihen provozieren. Binnig jedenfalls wurde der Nobelpreis (zusammen mit H. Rohrer und E. Ruska) für die Entwicklung eines Raster-Tunnel-Mikroskops zugesprochen, mit dessen Hilfe sich Oberflächenstrukturen bis zum Bruchteil eines zehnmillionstel Millimeters nachzeichnen lassen. Doch um die Erkenntnis der Dialektik von Homogenität und Inhomogenität zu thematisieren, hätte auch ein weniger bemühter Hinweis auf die Soziologie ausgereicht. Von George Herbert Spencer bis Niklas Luhmann sind die Entwicklung einer zunehmenden Komplexität ebenso wie die Strategien der Gesellschaft, auf diese Komplexität durch Reduktionsstrategien zu reagieren, kontinuierlich untersucht worden. Mythische Glaubensbekenntnisse zählen ebenso wie die Liebe, die Bürokratie und das Vertrauen schon lange zu solchen Reduktionstechniken.

Bevor jedoch die atemlose Leserschaft sich mit derlei Fragen überhaupt tiefer gehend beschäftigen kann, führt Gerken mit Verweis auf die postmoderne Philosophie des Franzosen Gilles Deleuze schon den nächsten Begriff ein: *Rhizom*.

«So ein Rhizom ist nichts anderes als ein Tanz unterschiedlicher Bewegungen und Moden. Es wird also die Marke nicht mehr profiliert, sondern es wird die Marke durch Streams (aktuelle Sehnsüchte der Gesellschaft) immer wieder neu codiert. Die Marke lebt durch die Moden. An die Stelle des Profils tritt deshalb das Rhizom.»

Das hieße wörtlich übersetzt: An die Stelle des Profils tritt so etwas wie ein Wurzelstock (denn nichts anderes bedeutet *Rhizom*, was immer Deleuze daraus auch abgeleitet haben mag), «eine unterirdisch oder dicht unter der Bodenoberfläche waagerecht oder senkrecht wachsende, mehr oder minder verdickte, Nährstoff speichernde (jedoch nicht zur Assimilation befähigte) ausdauernde Sproßachse (…) vieler Stauden», wie der Brockhaus definiert. Diese Metapher kann nur bedeuten: Unterhalb der wechselnden Moden existieren Wurzelstöcke der gesellschaftlichen Selbstverständlichkeiten, die an verschiedenen Stellen gleichartige Gewächse hervorbringen.

Selbstverständlichkeiten avancieren zu pseudotheoretischen Gedanken-Netzwerken. Pseudotheoretisch deshalb, weil die Grundbegriffe dieser Theorie ohne weitere Definitionen aus ihrem angestammten Zusammenhang gerissen und neu zusammengefügt werden. Das ist zwar im Hinblick auf eine postmoderne Destruktion des Denkens charmant, führt aber zwangsläufig zu Verwirrungen, weil das in Frage Gestellte «auf einer höheren Etage» wieder auf sein eigenes Grundprinzip zurückgeführt wird.

Die weitschweifigen Umwege, die Gerken abschreitet, lassen nun aber den Eindruck entstehen, wir lebten in einer unablässigen Folge von Revolutionen, in einer fundamentalen Revolution, die unser Gehirn verändert hat – zum neuzeitlichen Erregungshirn. Für Gerken scheint dieser aufwendige Weg durch alle erdenklichen Gebiete hochkomplizierter Wissenschaften allerdings notwendig zu sein. Ob ein einzelner Mensch die Kompetenz aufbringt, all diese Dinge angemessen zu erfassen, soll hier nicht diskutiert werden. Er kennzeichnet das gesamte Werk des Worpsweder Unternehmensberaters: Die voluminösen Bücher sind nämlich nichts anderes als eine Vermischung attraktiver Grundgedanken, eine Anhäufung von Ergebnissen aus der Marktforschung, vorgeblich oder tatsächlich sensationellen Erkenntnissen neuerer Wissenschaftszweige wie der Hirnphysiologie, der Chaosforschung oder der fraktalen Geometrie und ihre Überführung in ein plastisches Begriffswerk.

Die Entdeckung des Geistes

Doch welche Bedeutung haben die gesammelten Erkenntnisse Gerkens für die Praxis von Wirtschaftsunternehmen?

Fairerweise muß diese Frage gestellt werden.

Eine Antwort gibt Gerken selbst in einer Kolumne, die er seit einiger Zeit in der ansonsten lesenswerten Fachzeitschrift «Mensch und Büro» schreibt. Gegen die Zentralisierung des Geistes gerichtet, die vom Topmanagement aus den *Unternehmensgeist* prägt, plädiert er für eine Dezentralisierung des Geistes und ein neues Gruppenkonzept. «Das ist das, was uns die Japaner vormachen, also das verstärkte Einsetzen von autonomen Teams, die nach den Prinzipien der Selbstorganisation arbeiten.» Bedauerlicherweise kann die Gruppe «nur dann gut sein, wenn sie als Feld gemanagt wird, wenn sie Kollektivintelligenz erzeugen kann, wenn die Kultur des Unternehmens nicht logisch, sondern energetisch ist». Das Management muß also über «Rituale und mythische Zeremonien» laufen, «also das ganze Spiel, das man in der Symboltheorie und im Schamanismus kennt». Sicher. Aber nicht ohne einen kurzen Sprung in die Komplexitätsforschung (Sie wissen schon: Komplexitätsforschung!), «wie sie z. B. von Christopher Langton und Brian Arthur entwickelt worden ist». Die Aussage, die dieser Theorie entlehnt wird, lautet, daß die Topmanager den Gruppengeist, das *Ingenium*, herstellen, indem sie die Gruppe immer wieder in eine *selbstorganisierte Kritizität* (der Ausdruck stammt laut Gerken von einem Per Bak) hineinsteuern. Dazu braucht man *Soft factors*, keine Aktennotizen, Zielvereinbarungen oder strategischen Pläne. Wichtig sind: versteckte Bedeutungen, unausgesprochene Werte, heimliche Prinzipien. Und die machen eigentlich die Gruppen überflüssig.

In diesem Sinne wünscht Gerken am Ende uns, also den Lesern, «ein bißchen Nachdenklichkeit». Vor allem sicher auch angesichts der Tatsache, daß die Praktiken der japanischen Be-

triebsführungen in den letzten Jahren dramatisch an Vorbild-
wirkung verloren haben. Kleinlaut ziehen sich die Verfechter
von Führungs-Judo, Keiretsu, Kaizen und anderen Kampftakti-
ken zurück. Drüben, in Fernost, werden derweil immer mehr
westliche Strategien adaptiert. Und Japan hat seine kurze Krise
1995 auch deshalb virtuos bewältigen können, weil amerikanische Praktiken des *Outsourcing* adaptiert wurden. Aber das ist
ein anderes Kapitel. Wenngleich nicht der einzige dubiose Punkt
in Gerkens Büchern – wobei sich die Irritationen ernsthafter
Leserinnen und Leser verdichten, wenn sie allzu wörtlich nehmen, was im vorletzten Werk Gerkens gesammelt ist, das die
«Trend 2015» markieren soll.

Demnach ist Zukunft *per definitionem gerkensis* folgen-
des:

- Zukunft ist kein Schicksal.
- Zukunft ist nicht beherrschbar.
- Zukunft heißt stets, Abschied zu nehmen.
- Zukunft ist komplex.
- Zukunft ist bipolar.
- Zukunft ist Werden.
- Begegne der Zukunft gleichgültig.
- Zukunft ist immer auch das Gegenteil.
- Zukunft ist Verantwortung.
- Zukunft ist anstrengend.
- Zukunft braucht Energie.
- «Zukunft braucht Trance.»

Da sind wir wieder beim Schamanismus.

«Trance ist, (…), das lehren die Schamanen, ein Mittel der
persönlichen Evolution», erläutert Gerken den Besuchern seiner
Zukunftswerkstätte (nachdem sie gezahlt haben). «Trance
macht einen weicher, flexibler, offener und empfindsamer. (…)
Es ist ein wundervoller Weg, die Zukunft lieben zu lernen.»
Durch Träume: «Wir träumen anders und besser, weil wir ler-

nen, digital zu träumen. Das ist im Grunde eine schamanistische Revolution – *dream time returns.*»

Eine *schamanistische Revolution*? Stampfende Tänze, monotones Rasseln, geheimnisvolle Drogen, wallende Dämpfe und unverständliches Gemunkel? Wir wollen nicht so weit gehen, Werbung als Rasselgeräusch und Verhandlungen als Pantomime zu interpretieren, mit deren Hilfe sich die Vertreter zweier Unternehmen begegnen, nachdem sie sich unter Drogen gesetzt haben. Vielleicht kann man sich darauf einigen: Die Idee ist schlicht eine Karikatur.

Ein Eindruck, der sich verstärkt, wenn man weitere Auslassungen des Amateur-Ethnologen Gerken näher analysiert, zum Beispiel das von ihm entdeckte *große Nagual*, die Versenkung in kollektiver Euphorie – vor allem und auch im Internet, dem neuen Medium des globalen Schamanismus, wo die Zukunft sich in tanzenden Trends konstituiert. Aber auch die, die noch nicht in der Basisdemokratie des Internet zu Hause sind, brauchen aufs *Nagual* nicht zu verzichten: «So überraschend es klingt, gerade durch den Massentourismus können besonders gut alle Formen der Kontemplation, der massenhaft kollektiven Meditation und der Euphorie erzeugt werden.» Beispiel: das kollektive Sonnenbaden. «Gerade beim kollektiven Sonnenbaden wird gemeinschaftlich ein Stück Psychedelismus erlebt, das die Schamanen das Nagual nennen (…) die oberste Kraft, die nicht sichtbar ist, weil sie überall in den Dingen steckt. Sie kann man nur in ganz besonderen Situationen erfahren. (…) Die beste Voraussetzung, das Nagual zu erleben, hat man, wenn viele Leute in einem heißen Ambiente kollektiv in etwa das gleiche machen. Stundenlang in der Hitze am Strand zu leiden, das ist daher für jeden, der schamanistisch ausgebildet ist, nahezu paradiesisch. Dann kommt das Nagual.»

Lassen wir weitere überhitzte Phantasien und geistige Alliterationen wie die Verknüpfung von Sonnenbaden und indianischem Schwitzritual. Befragen wir die Ethnologie. Die antwortet nüchtern: «Nagualismus ist, vor allem bei den Indianerstämmen Mexikos, die Vorstellung, daß der Mensch mit dem Schicksal eines bestimmten Tieres oder Naturobjekts in einer Art Doppelgängerschaft während seines ganzen Lebens unlösbar verbunden sei.» Kein weiterer Kommentar.

Nur noch ein weiteres Beispiel der unsinnigen Vorhersagen: In naher Zukunft, so Gerken, werden sich achtspurige Autobahnen durchs Land schneiden. Denn der Individualismus der Menschen wird den Autos eine Renaissance bescheren. Die Energieprobleme sind leicht zu lösen. Der Tausendsassa kennt sich aus. Er läßt die Autos mit *Tachyonen-Energie* dahingleiten. *Tachyonen* nehmen ihre Kraft aus der Spannung von Himmel und Erde, sagt Gerken, und man merkt ihm die Freude an, daß es mit den Autos weitergeht, denn er selbst hat sich eben einen schönen, neuen schwarzen Ferrari zugelegt. Das Bedauerliche an der Sache ist nur, daß es mit den *Tachyonen* nicht so recht funktionieren will. Denn die gibt es nicht. Zumindest nicht in der Praxis. *Tachyonen* sind, so sagt das Lexikon, «hypothetische Elementarteilchen mit Überlichtgeschwindigkeit und imaginärer Ruhemasse; bisher nicht experimentell nachgewiesen». Also aus einem Science-fiction-Roman abgeschrieben und der Autoindustrie als Zukunft serviert?

Bräche nun beim kleinkarierten Geist des kleinkarierten Kritikers der beckmesserische Furor durch; fiele man nun im Fieber der Entdeckungen über die Kleinigkeiten her; würde Zitate gegenchecken, Namen, Thesen und Theorien überprüfen, Fachleute zu Rate ziehen, bei Nietzsche an den Stellen nachschauen, die Gerken vorgeblich zitiert — dann bliebe wohl nicht viel übrig von den großspurigen Behauptungen und illustren Belegen. Man würde drauf stoßen, daß Tom Wolfes «Das gemalte Wort» nicht «Das gemalte Wort», sondern «Worte in Farbe» heißt — wenn man nicht das amerikanische Original «Painted Words» heranzieht, was aber auch nicht mit «Das gemalte Wort» zu übersetzen wäre. Ganz abgesehen davon, daß dieses Buch nicht die These enthält, «Kunst (sei) seit einigen Jahrzehnten nur noch durch ihre intellektuelle Interpretation verständlich», sondern sarkastisch die Macht des Kunsthandels und einer im Geiste kleinbürgerlichen Schickeria geißelt, an die sich die Künstler heranschmeißen (sagt Wolfe). Und der Begriff *telematisch*, den Gerken vorgeblich im Anschluß an Vilém Flusser benutzt – «telematisch» sei eine Gesellschaft, «die sich nur noch an Zielen (griechisch *telos*) und Trends orientiert und durch diese definiert» –, ist ein wenig daneben, weil Flusser damit eigentlich eine technische Umwälzung zur Multimediawelt des Computer-Telefon-Fernseher-Verbunds anzeigt. Im Kontext, den Gerken beschreibt, wäre das Wörtchen «teleologisch» vielleicht treffender. Abgesehen von der Tatsache, daß wenige Seiten später wortgewaltig das Ende der Trends ausgerufen wird, weil ja immer auch das Gegenteil stimmt, bezeugt die Wortwahl erneut die dilettantische Arbeitsweise oder auch den Zynismus, mit dem man glaubt, den Nieten in Nadelstreifen alles unterjubeln zu können. Hauptsache es geht schnell genug, ist kaum verständlich und teuer. Und wenn heute das Gegenteil von dem gesagt wird, was gestern galt, ist das halt das *Chaos*.

Wenn das Ende der Marke herbeigeredet wird, um mit dem Buch «Markentuning» die Unerläßlichkeit individueller Gerken-Beratung zu begründen; wenn der Markt sich zunächst in «Fraktale» auflöst, damit dann die Masse, und zwar die «magische Masse des Singulären», wiederaufersteht, dann stellt sich die Frage, ob ratsuchende Nadelstreifen-Träger wirklich solche Nieten sind – oder das Ganze doch nichts anderes ist als ein Busineß-Kabarett.

KAPITEL 5

Kalenderweisheiten:
Gertrud Höhler

Kommunikation im erloschenen Vulkan

Wenn es auch etwas still geworden ist um die ehemalige Literaturprofessorin Gertrud Höhler – noch ist sie auf Tournee und verbreitet die Weisheiten ihrer beiden Busineß-Bestseller «Spielregeln für Sieger» und «Wettspiele der Macht» vor atemlos lauschenden Führungspersönlichkeiten der deutschen Wirtschaft. Solche zum Beispiel: «Kommunikation lebt vom Austausch, lädt sich täglich auf mit Feedback und neuem Input, jeder ist Nehmender und Gebender zugleich, die starre Rollenverteilung von Ordern, Liefern, Zahlen wird aufgesprengt wie der Kegel eines scheinbar erloschenen Vulkans. Die Lava, der Ressourcenmix von Stein und Feuer, kochendes Baumaterial für Zukunftslandschaften, verändert das Terrain, auf dem wir wirtschaften.» Sie selbst lädt und lud sich täglich auf mit Feedback und Input – als Unternehmensberaterin und Model für Anzeigen von Computer- und Kreditkartenunternehmen, als Autorin, als Beirat in Verlagen, als «Non Executive Director» im Vorstand des britischen Nahrungsmittelkonzerns Grand Metropolitan, als Beraterin des deutschen Verteidigungsministeriums und Kuratorin der Privatuniversität Witten-Herdecke und der Führungsakademie des Landes Baden-Württemberg, des Forums für «alte liebenswerte Bäume in Deutschland», als Senatorin in der deutschen Fraunhofer-Gesellschaft, Fellow des Wissenschaftskollegs Berlin, Vorstandsmitglied der Stiftung Denkmalschutz und der schweizerischen Management-Gesellschaft, als Beirat im deutschen Umweltministerium und Beinahe-Ministerin in Hessen und Niedersachsen, Kommunikationsberaterin von deutschen Autofirmen und Banken. Eine Visitenkarte im DIN-A4-Format.

Was sie in diesen vielfältigen Funktionen in den letzten Jahren aufschnappte und dann in einem eleganten Recyclingverfahren wortgewaltig und blumig wiedergab, mit einer vulkanartig ausbruchsfreudigen Metaphorik und beseelter, fast religiöser Inbrunst, ist vor allem in zwei Büchern nachzulesen: «Spielregeln für Sieger» und «Wettspiele der Macht». Beide sind Bestseller des Wirtschaftslebens. Lebensberatung für irritierte Manager, die sich im fraktalen Chaos der Trendzeit nicht mehr auskennen.

Doch sind die Rezensionen dieser Bücher nicht frei von Irritationen. Das hat weniger damit zu tun, daß es nicht so recht gelingen will, eine klare Argumentationslinie zu entdecken. Die Irritationen resultieren eher aus dem Eindruck, daß da schon wieder mit lautem Wortgeklingel altbackene Theorien des sogenannten modernen Managements wiedergekäut werden – was dann durchaus das zweifelhafte Kompliment zuläßt, Gertrud Höhler sei «die deutsche Popcorn». So schrieb angesichts der Lancierung der «Wettspiele der Macht» im November 1994 die österreichische «Wirtschaftswoche», daß die Leser, die sich konkrete Handlungsanweisungen erwarteten, enttäuscht würden: «Mit markigen Worten geißelt sie (Gertrud Höhler) die unnütze Bürokratie in den Großunternehmen. Doch hat der Leser verstanden, daß es ein Ende haben muß mit der ‹postmateriellen Schlaraffenlandsensibilität› der ‹High-speed-Hedonisten›, da warnt die Autorin auch schon vor der Auszehrung der Unternehmen nach einer übertriebenen Abmagerungskur. Sie mahnt Manager zu mehr Aggressivität, um sie wenig später zu ermuntern, den Wettbewerb doch ‹spielerisch› zu verstehen. (...) Hinter den unzähligen Anglizismen und den klobigen Metaphern – die Autorin bevorzugt Jagd- und Spielmotive wie bei ihren Werbeaufnahmen für American Express und Apple Computer – verbirgt sich wenig Neues.»

Das fand das deutsche «Handelsblatt» schon bei der Auseinandersetzung mit den «Spielregeln für Sieger», das eher auf sanfte Führungstugenden setzt. «Ein neues Profil des Siegers soll dort geschnitzt werden, der uralte Tugenden wie Dienen, Wärme spenden, Nähe zulassen, neu belebt hat; der kommunikativ, emotional und sensibel ist, über sich selbst nachdenkt, seine Siege nicht gegen andere, sondern mit anderen holt. Bullshit.» Die «Hannoversche Allgemeine», eine Regionalzeitung von überregionalem Rang, drückte es in einem Erlebnisbericht nach einem Höhler-Seminar im Dezember 1993 vornehmer aus. «Wenn Gertrud Höhler etwas beherrscht, dann ist es einwickeln. Zum Managementforum, zu dem sechs Unternehmerverbände (...) geladen hatten, präsentierte die eloquente Professorin Päckchen ganz besonderer Art. Zehn Spielregeln zum Meistern der Wirtschaftskrise in Deutschland, so die verheißungsvolle Ankündigung, wollte die Wahlberlinerin vor der erwartungsvollen Schar von 500 Managern und Unternehmern auspacken. Wer nun geglaubt hätte, daß die 52jährige selbständige Unternehmensberaterin in profane Niederungen betriebswirtschaftlicher Alltagsprobleme hinabsteigen würde, befand sich auf dem Holzweg. (...) Was da zum Vorschein kam, war allerdings weder neu noch originell.»

In der Tradition des Neokonservatismus

So dezidiert äußern sich allerdings wenige Blätter. Die Regel ist, daß Thesen aus den Büchern exzerpiert und publiziert werden, was ja immerhin Seiten und den Anschein von Modernität schafft. Das liegt im Trend: Berichterstattung über die Trend-Gurus. Mit denen will man es sich nicht verderben, solange Manager und Bosse sie in die Führungsetagen einladen und sich den Wertewandel der Gesellschaft erklären lassen, um wieder zu betriebswirtschaftlichen Kräften zu kommen. Der Applaus ist meist überwältigend. So auch in Hannover auf dem Managementforum. «Schließlich kann sie reden wie keine zweite», sie ist, wie das österreichische Branchenblatt «A3boom!» verzückt schrieb: charmant, tough, Starpublizistin, Temperamentbündel und vor allem «Trendexpertin, die keine unbequemen Aussagen scheut». Mit Bewunderung stellt das Blatt fest, daß die «erfolgreiche Buchautorin, die als eine der profiliertesten Denkerinnen in Deutschland gilt», 1990 beim österreichischen Direktmarketing-Verband in einer Rede zur neuen Unternehmenskultur «schwere Geschütze» auffuhr: «Unternehmen», so Höhler, «die es nicht schaffen, daß sich jeder Mitarbeiter unentbehrlich fühlt, begehen ein Verbrechen.» Ein wichtiger Schritt zur Bewältigung der Sinnkrise sei die Schaffung einer neuen *Kommunikationskultur*. Was sie unter Kommunikation versteht, ist oben bereits dargelegt, Geben, Nehmen usw. Wie das «Verbrechen gegenüber den Mitarbeitern» in das ebenfalls zeitweilig von Höhler favorisierte Konzept des *Lean Management* paßt, bleibt offen. Vermutlich betrifft es nur die Mitarbeiter, die nicht auf der Strecke bleiben.

Geschmeidigkeit der Argumentation, das läßt sich an derlei vulgärdialektischen Verschleifungen ablesen, ist die große Stärke der Gertrud Höhler. Sie präsentiert eine *Opera aperta*. Jeder, der sie liest, der ihr zuhört, der die verstreuten, ebenso willfährig wie werbewirksam von allen erdenklichen Medien publizierten Exzerpte zur Kenntnis nimmt, fühlt sich irgendwie angesprochen, weil sich sehr viel in die offenen Worte hineindenken läßt. Managementberatung wird zur Séance, die Vision entsteht in den Köpfen der zahlenden Kundschaft. Die Pythia vollzieht die Anrufung der semantischen Geister und ist darin Gerken ebenbürtig: *Kommunikationskultur, Corporate Integrity, Synergie, inneres Marketing, humaner Mehrwert* und die neue Faszination für die *Powerfrauen*. Das wird mit einem gehörigen Schuß Wirtschaftsdarwinismus vermischt, der sich aus dem goutierlichen Neokonservatismus der siebziger Jahre herübergerettet hat.

Sie weiß sich mit virtuoser Treffsicherheit in Argumentationstrends einzureihen, mal versöhnliche, mal harte, mal postmaterielle, dann wieder analytisch-wissenschaftliche oder romantische Stilrichtungen des Zeitgeistes für sich zu nutzen. Damit erfüllt sie das wesentliche Kriterium des postmodernen Charakters, wie er vom kongenialen Kollegen Gerd Gerken so trefflich formuliert wurde: Alles ist richtig, alles ist falsch.

Richtig war, zur richtigen Zeit, die harsche Kritik an den Intellektuellen. In ihrem Buch «Gesinnungskonkurrenz der Intellektuellen» schrieb sich Höhler an den neuen Thesen des aus den USA importierten Neokonservatismus entlang, wie er vor allem von Norman Podhoretz in der ehemals linken «Partisan Review» gepflegt wurde. Helmut Schelsky schrieb sein böses Buch «Die Arbeit tun die anderen», und Politiker gefielen sich in der süffisanten Zerlegung des Intellektuellen – wenn sie auch nicht mehr, wie einst der deutsche Wirtschaftsminister und Kurzzeitkanzler Ludwig Erhard, zu zoologischen Metaphern griffen, wie etwa «Ratten» oder «Pinscher». Eine Popularisierung tat not. Höhler fühlte sich berufen, die Ideologisierung der Intelligenz zu brandmarken, besonders die Neigung der sogenannten «linken» Intelligenz, Tagträume für die Jugend zu liefern. Ihr Fazit läßt schon die weitschweifige Handschrift der späteren Beraterin erkennen: «Der Gesinnungseifer (der Intellektuellen) entspricht den Fehlbeständen an transzendenter Zuflucht.»

Diese Klage über den Verlust ewiger Werte wird ein Jahr später in einem pamphletistischen Werk über «Die Anspruchsgesellschaft. Von den zwiespältigen Träumen unserer Zeit» erneut laut. Die Suada wiederholt sich: Grundwerte sind ausgehöhlt, die klassischen Rollen von Familien, Paaren, von Mann und Frau und natürlich die der Intelligenz sind unbedeutend geworden. Hohler lamentiert über die multioptionale Gesellschaft, deren Berücksichtigung sie in den «Spielregeln für Sieger» 1990 dann allerdings zu einem der unausweichlichen Erfolgsfaktoren deklariert. Aber 1979 heißt noch *Fassadenethik*, was die von ihr inkriminierten Intellektuellen lieber «Pluralismus» nennen oder «Toleranz, Solidarität und Chancengleichheit». Pluralismus, so Höhler damals, zerstöre die Persönlichkeit und verschütte den Zugang zu den wahren Seinswerten. Das Übermaß an Freiheiten begrabe das Grundrecht auf einen Lebenssinn. Und natürlich wird der Konsumfetischismus vehement verworfen. Der Weg zurück zur alten Zufriedenheit bestehe darin, daß man selber mitwirken müsse, sie zu erreichen.

Dies gilt vor allem für die «Kinder der Freiheit», wie der Titel eines 1983 veröffentlichten Buches hieß. «Jugend fordert den extremen Wert, das unverhüllte Ideal, die ungebrochene Tugend, weil wir sie an Zwischenwerte, an Bescheidenheit und Rücksicht, an Realismus im Fordern nicht gewöhnt haben.» Das Buch ist dem Sohn Abel gewidmet, mit dem sie später in Anzeigen posiert.

Auch in dieser immerhin 238 Seiten umfassenden neokonservativen Programmatik bricht ein wenig von dem Talent durch, das Höhler später als Beraterin verschiedener Vorstandsvorsitzender in anspruchsvolle Honorare umsetzt – semantische Unverbindlichkeit: «Wir leben mit einer Anzahl ersehnter Errungenschaften, deren Handhabung uns überfordert. Und während unser Wertesystem stabilisiert werden müßte, um uns für die angewachsenen sittlichen Aufgaben zu kräftigen, die wir uns zumuten, leidet es an fortschreitender Erosion.»

Seitenwechsel zur pragmatischen Ethik

Die Therapie auf diese graue Diagnose, die auch in Büchern über das Glück (1981) und über Bäume (1984) mehr oder weniger stringent verfolgt wird, bezieht ihre Kraft schließlich aus markt- und karrierestrategischen Gesichtspunkten: zunächst in den «Spielregeln für Sieger». Da geht es allerdings um die andere Seite des Konsums, um die Produzenten eines überbordenden

Angebotes, die auf dem pluralistischen Markt unsicher geworden sind, weil die Mitglieder der Anspruchsgesellschaft auf der Suche nach dem Glück herumspringen, wie es ihnen gerade einfällt: «Was sich jetzt, zu Beginn der neunziger Jahre, herauskristallisiert, ist eine neue Dimension der Wünsche. Kategorien, die sich bisher auszuschließen schienen, erscheinen plötzlich in enger Nachbarschaft: Aktivität und erwartungsvolle Erlebnisbereitschaft, schöpferische Unordnung und systemschaffende Intelligenz, Informationshunger und meditative Rückzüge.» Nichts mehr von einer Werteverwirrung: «Ein neuer Sense of balance macht sich geltend, der uns in allen Bereichen des modernen Lebens wiederbegegnet, wo die neue Generation am Werke ist, bei dem Aufbau persönlicher Lebenskonzepte und bei der Formulierung von Lebenszielen, die sich aus beiden Bereichen bedienen, dem öffentlichen und dem privaten Leben.»

So gilt denn, wie der Titel des ersten Kapitels verheißt, die Suche einer neuen Balance. Worin diese neue Balance besteht, bleibt offen. Weder die kleinen Zweispalter am Fuße jeder rechten Seite – der postmodernen Nervosität zeitgeplagter Leser vorausgreifend als Schnell-Lesedurchgang deklariert – noch der verwirrte Rückgriff auf den Text selber lassen eine klare Aussage erkennen.

«Nicht mehr das ‹Leben von der Stange› zählt, sondern die individuelle Komposition aus Lebensentwürfen. Gerade die potentiellen Spitzenleute haben eine klare Vorstellung von ihrem Lebens- und Aufstiegsweg.» Siebenunddreißig solcher Sätze sind es, mit denen das erste Kapitel kondensiert wird, siebenunddreißig Kalendersprüche, die sich in den folgenden sieben Kapiteln über die *innovative Führung*, die Bedeutung des *geistigen Potentials*, die *Innovation, die in den Köpfen beginnt,* den *Kunden* als Mittelpunkt, *Spielpläne für Fitneß* fortsetzen. Dann endlich folgt das Kapitel, das im Titel die größte Nutzanwendung verspricht: *Tugenden für Sieger.* Aber zunächst erfährt man einmal nicht mehr, als daß wir heute weniger Zeit haben als unsere Vorfahren. Daraus resultiert eine überraschende Einsicht: «Zeitökonomie wird wichtiger, je größer die verplanbaren Zeitbudgets jedes einzelnen werden. Je mehr Eigensinn bei der Zeitgestaltung wirksam werden kann, desto verstrickter sieht sich das einzelne Ich.» Deshalb sollte eine Führungspersönlichkeit, die «Geld anbietet, um Menschen zu gewinnen», im gleichen Atemzug auch «erfüllte Zeit» anbieten. Damit sollen Mitarbeiter begeistert werden. «Die kühle Kiste ‹Partnerschaft› muß angewärmt werden.» Daraus folgt rot auf weiß auf S. 365: «Führungskräfte haben Macht über die Zeit anderer Menschen. Sie tragen deshalb eine hohe Verantwortung. In der neuen Forderung an die Arbeitszeit steckt die Wiederentdeckung der subjektiven Zeit.»

Das ist ein hoher ethischer Anspruch. Wie er aber einzulösen ist, wie sich diese Art von Zeitökonomie, die sich zwischen der Notwendigkeit von Arbeitsorganisationen und der nötigen Motivation bewegt, in den einzelnen Betrieben konkret umzusetzen ist, darüber schweigt sich Frau Höhler aus. Es gibt nicht einmal Beispiele. Mit weit, weit ausgreifenden Schritten durchmißt sie die wirtschaftsphilosophischen Territorien, mahnt dazu, daß wir uns den «ethischen Implikationen unseres Handelns» nicht mehr entziehen, erinnert daran, daß «Wirtschaften» immer aus Sach- und Wertentscheidungen besteht, und verrät endlich auf der Seite 374 der zeitgeplagten Managerin und dem zeitgeplagten Manager einen «einfachen alten Katalog» von Tugenden:

- *Klugheit,*
- *Gerechtigkeit,*
- *Mut* oder *Tapferkeit,*
- *Maß.*

Sollte es Leser geben, die sich aufgrund derartiger Ergebnisse einer fast vierhundert Seiten starken Abhandlung die intensivere Lektüre des zukunftsweisenden Werkes sparen wollen, wird man wenig Argumente finden, die gegen eine solche kluge Entscheidung sprechen. Abgesehen vielleicht vom Unterhaltungswert, der sich besonders bei einer Exkursion in die Welt der Soziobiologie einstellen dürfte. Im ersten Unterkapitel der *Spielpläne für Fitneß* breitet Frau Höhler die neuesten Ergebnisse «der» Soziobiologen und Verhaltensforscher aus, «die aus dem Regelwerk von Evolution und Arterhaltung, Werbung und Konkurrenz verblüffende Parallelen zum Unternehmensalltag bieten». Auch wenn man außer acht läßt, daß das, was weitläufig unter den Begriffen *Soziobiologie* oder *Verhaltensforschung* zusammengefaßt wird, eine höchst kontroverse und keineswegs durch klare Einzelergebnisse charakterisierte akademische Disziplin darstellt, ist es doch verwunderlich, daß die Modelle der *Naturvölker* und des Löwenrudels sinnvolle Analogien zum modernen Unternehmen abgeben.

Läßt man wiederum außer acht, daß der Begriff *Naturvölker* eine unzulässige Pauschalisierung der vielfältigen ethnographischen Befunde der Kulturen dieser Welt darstellt, daß zweitens der Begriff des *Naturvolks* dem Vokabular eines längst vergangenen kolonialistischen Zeitalters entstammt, bleibt immer noch eine irritierte Verwunderung über den Spagat zwischen theoretischer Betriebswirtschaftslehre und praktizierter Vulgärethnologie. «Die archaische Gemeinschaft, umgeben von konkurrierenden Völkern, sichert die eigene Identität in ganz ähnlicher Weise, wie das moderne Unternehmen tun: Zeremonien und Gebräuche aus dem gemeinsamen Traditionsbesitz, Riten und Feste halten die Gemeinschaft zusammen. Die verläßliche Wiederkehr bestimmter Zusammenkünfte (Meetings!), der gemeinsame Informationsbesitz wirken wie eine schützende Mauer um die Corporate identity der ‹Firma› Naturvolk.» Außerdem werde bei den *Naturvölkern* «unnachsichtige Auslese» praktiziert. Man sondere die Schwachen und Kranken ab. Parallelen zum modernen Unternehmensalltag, so Höhler, drängen sich auf. Erschreckt über den zweifelhaften Darwinismus, der hinter einer solchen Analogie lauert, beschwichtigt sie ihre Leserschaft gleich darauf wieder, wenn auch halbherzig. «Die Erkenntnis, daß die Organisation die Starken und Mutigen braucht, kann aber auch nicht zugunsten des humanitären Traums von einer karitativen Grundmelodie im Unternehmen beiseite geschoben werden. Das Unternehmen ist keine Sozialstation – es muß aber als Organisation in einer hochentwickelten Kultur soziale Netze spannen, die den Schwächeren ihre Würde lassen.»

Die Befürwortung derart paternalistisch herablassender Almosen kann nicht darüber hinwegtäuschen, daß das Gesellschaftsbild der Frau Höhler in den überholten Grundtheorien eines Manchesterkapitalismus gründet, dem einige modernistische Vokabeln eingeimpft wurden. Das wird ergänzt durch ein wildes Gemisch aus halb verstandenen und pauschalisierten Ergebnissen unterschiedlichster Disziplinen, von der Philosophie des Aristoteles bis zur modernen Chaosforschung, und nach jeweiligem Bedarf interpretiert. Innere Widersprüche werden gelassen in Kauf genommen. So auch bei der Analogie des modernen Unternehmens und der *Naturvölker*.

Wenige Absätze, nachdem diese Naturvölker für die Konsistenz der Unternehmenskultur herhalten mußten, wird – im Unterschied zur Isolationstendenz der Stammeskulturen – *Blutaustausch* in den Unternehmen angemahnt. Dazu wäre sicher aus ethnologischer Sicht viel zu sagen, etwa über die ritualisierten Formen der Kommunikation zwischen verschiedenen Stammeskulturen. Aber es wäre nur ein weiterer Beleg für die oberflächliche und aphoristische Arbeitsweise der Autorin. Es mag daher genügen, die entsprechende Textstelle zu zitieren: «Die eingekapselten Stammesgruppen sind nicht mehr das Erfolgsmodell – und doch besteht die Neigung bei den Menschen, zur Sicherung des eigenen Terrains erst einmal Mauern zu ziehen, statt sie einzureißen. (...) Derweil zieht draußen die Welt zu einer neuen Kulturstufe – oder die Konkurrenz zu neuen

Markterfolgen. Der Blick in die abgeschotteten Stammeskulturen kann also auch die modernen Manager das Nachdenken lehren.»

Dschungelbuch für Manager

Nachdenklich werden diese modernen Manager vermutlich auf einer der Exkursionen, die Höhler schwachbrüstigen Exemplaren der Spezies vorschlägt: Exkursionen in die Wildnis. Denn «wo das Alles würgend wird, da lockt das Nichts; wo die Fülle uns ersticken will, da träumen wir vom Mangel». Raus aus dem Büro also! Faith Popcorns *Wildering* ist angesagt, ohne daß die kongeniale Kollegin aus den USA erwähnt wird. «Nicht mehr der bläßliche Büromensch ist die Leitfigur unserer dynamischen Jahre, sondern der durchtrainierte Dschungelkämpfer. Wer auf diese Weise selbst Distanz gewinnt, erkennt Probleme schärfer.» Und wer nun diese schärfere Erkenntnis durch einen weiteren Blick trainieren möchte, dem wird die Lektüre der Soziobiologie anempfohlen. Dort lernt er das Prinzip der *optimalen Paarung* kennen: «Die Evolution ist (...) ein Auslesegeschehen unter lauter Siegern.»

Wie sind nun deren Spielregeln? «Nicht die Begünstigung der Schwachen», so die Botschaft für Konzernstrategen, sondern die «Förderung der Sieger ist das richtige Auswahlprinzip.» Natürlich gibt es da auch noch ein bißchen Ethik, und auch die Natur hat ja Auffangsysteme «für ihre geschwächten oder sterbenden Mitglieder – die Elefanten zum Beispiel oder die Wale». Aber ansonsten herrscht das Recht des Stärkeren, allerdings, wie das Löwenrudel zeigt, im Team. «Teams brauchen starke individuelle Persönlichkeiten. (...) Nur Individualisten werden in der Gruppe stärker – und stärken damit die Gruppe. So die Löwen.» Auch bei ihnen gilt das darwinistische Zuchtprinzip. «Die natürliche Auslese erleichtert unter Löwen das, was in den Unternehmen durch Personalarbeit erreicht werden muß: die Auswahl der Besten.» Eine bahnbrechende Einsicht, die durch den zoowirtschaftlichen Lehrsatz in Rot auf der Seite 303 unten rechts noch einmal eindrücklich bebildert wird: «Vielleicht können die ausgeruhten Löwenprofile in ihrem schönen Gleichmaß der Haltung die rastlosen und streßgeplagten Topmanager das lehren, was ihre Ärzte ihnen seit Jahren vergeblich zu erklären versuchen.» Etwa, daß man die starken Löwinnen jagen lassen und das patriarchalische Haupt dösend in die Sonne halten sollte? Offenbar, denn «die schnellen Löwinnen der neuen Frauengeneration verfügen über Kompetenzen, die den Kunden viel gründlicher überzeugen als die Sprüche aus dem Musterköfferchen der smarten Außendienstler männlichen Geschlechts». Vor allem vermutlich, wenn die Kunden Antilopen sind. Die soziobiologische Beobachtung, daß die Patriarchen des Rudels sich an der Beute, die die jungen Löwinnen erjagt haben, als erste den Bauch vollschlagen, wird vorsichtshalber nicht erwähnt.

Dieses Konglomerat aus modischen Managementtaktiken, hegelianisch dunkel formulierten Aphorismen, Science-fiction, Psychologie, Ethnologie, Philosophie, Brehms Tierleben und Busineß-Feminismus, Popcorn, Gerken und Einsprengseln katholischer Soziallehre setzt sich im zweiten Busineßbuch Höhlers in eindrucksvoller Weise fort. Da geht es dann um *strategische Allianzen* mit dem Kunden und die revolutionäre Einsicht, daß Dienstleistungen das Produkt der Zukunft seien, wieder um die Chaosforschung, die die New-Age-Berater offensichtlich stark fasziniert, um *Streß, Fitneß-Strategien, Psychoseminare* und im Kapitel *Management of change* um das neue Modewort *lean*.

Die interessanteste Einsicht, die sich bei der Lektüre der «Wettspiele der Macht» einstellt, ist die, daß Beratungserfolg offensichtlich nicht an neue Ideen oder Methoden, eigene Forschungsergebnisse oder verständlich aufbereitete Organisationssysteme geknüpft ist, sondern auch Ergebnis eines weitgehend unverständlichen und in sich widersprüchlichen Wortge-klingels sein kann. Das beginnt im Klappentext: «Management of change ist nicht, wie viele behaupten, ein neues Crash- und Streßprogramm auf Kosten der Menschen im Markt. Im Gegenteil: Wer jetzt seine Organisation unter Streß setzt, statt die Wettkampflust der Mitarbeiter zu wecken, der wird den Quantensprung in schlanke Systeme verfehlen. Das schlanke Unternehmen ist ein Prozeßoptimierer, auch was die Leistungs-fähigkeit der Teams angeht. Topmanagement wird in diesem le-bendigen Strom der kommunikativen Leistungen zur zentralen Dienstleistung.»

So entdeckt Gertrud Höhler das dialogorientierte Marketing, die Dienstleistungsgesellschaft und die Schwäche des Wirt-schaftsstandortes Deutschland, Lean Management und sechs Regeln für den unternehmerischen Erfolg:
- Der Mitarbeiter weiß mehr vom Kunden als die Führung.
- Der Mitarbeiter verfügt über Entscheidungswissen.
- Das Management muß nicht unternehmensgerechte, sondern marktgerechte Arbeitsbedingungen für Mitarbeiter schaffen.
- Die Führung steht auf den Schultern der Mitarbeiter.
- Führung und Mitarbeiter verlassen sich nicht mehr auf das Produkt, sondern auf das Bündnis mit dem Kunden.
- Wer Macht als Selbstzweck versteht, gefährdet die Ergebnisse des Unternehmens.

So weit, so bekannt. Ist das alles? Nein, es folgen sechs Erfolgs-faktoren, die sich aus diesen Regeln ableiten:
- Das Erfolgsfeld ist der *Markt*,
- *Glaubwürdigkeit*,
- *Herausforderung* als Triebkraft der Kultur,
- *offene Kommunikation*,
- *Teams* als Erfolgsgeneratoren,
- *Leistungskultur*.

Was heißt das nun im einzelnen? Es heißt: Unternehmensführung vom Markt her, Bindungsmanagement, Kundenorientierung. «Die schlanke Gestalt solcher Richtwertkataloge ist nicht nur in lean-orientierten Phasen wichtig, in denen der Zuruf schrumpft auf das lakonische Motto, der Slogan zum Ausrufezeichen kondensiert wird, damit alle enger zusammenrücken. Slim und schmal hätten solche Kataloge von Essentials schon immer sein müssen, weil Einigung von vielen Menschen auf Leitvorstellungen zwangsläufig zu einem Kondensat der einfachen Grundwerte führt, damit die Spielräume für Mißverständnisse kleiner, die Sammelplätze für gemeinsame Überzeugungen überschaubarer werden.»

Wie bereits in den «Spielregeln für Sieger», also für die Dschungelkämpfer, die sich wie ein Löwenrudel benehmen, war die Strategie des Lesers vermutlich die, zunächst einmal im Resümee nachzuschauen, das die Essenz des Buches enthalten sollte. Wir haben gesehen, daß das nur Verständnislosigkeit produzierte. Diese Irritation erhöhte sich durch die Lektüre der Merksätze am Boden der jeweils rechten Seite und vollendete sich nach der Lektüre des gesamten Buches. Das ist in den «Wettspielen der Macht» kaum anders – mit dem kleinen Unterschied, daß man noch weniger versteht, denn hier wird die Sprache Höhlers kryptisch und entwickelt sich zu einem schamanistischen Beschwörungsritual. Am Ende stehen nur noch Formeln, zum Beispiel über das neue Selbstverständnis der Unternehmen im Wettbewerb:

- Von der Pyramide in die offene Arena.
- Von der steilen Festungshierarchie zur selbstorganisierten Teamkultur.
- Vom autoritären Anbieter zum kommunikativen Bündnispartner.

Damit dies alles verständlicher wird, ist in dem mit Copyright Prof. Dr. Höhler versehenen Tableau eine Pyramide und eine Art Kreis aufgemalt, in dem sich acht stilisierte Figuren aufhalten, offensichtlich Männer. Das Resümee im roten Merksatz: «Die Krise macht allen klar, daß sie in einem Boot sitzen: Führung, Mitarbeiter, Zulieferer und Zwischenhändler. Der Kunde steht am Ende dieser Kette aus Kundenverhältnissen, deren Dienstleistungsqualität immer häufiger mehr Gewicht hat als die Qualität der Produkte.»

Je weiter die Lektüre fortschreitet, desto stärker drängt sich das Gefühl auf: das ist Gerken ohne Light-Age-Philosophie. So etwa, wenn Höhler schreibt: «Added value ist der Mehrwert des Qualitätsproduktes, der in der Bindungsgeschichte mit dem Kunden entsteht.» Oder: «Marktführer sind nur scheinbar durch ihre Produkte überlegen. In Wahrheit sind sie es durch ihren Geist, durch ihre Vision.» Oder: «Die strategische Allianz mit dem Kunden zwingt das Unternehmen zur kommunikativen Vernetzung.» Früher sagte man einfach, daß das Essen dem Gast schmecken muß und nicht dem Wirt beziehungsweise der Köder dem Fisch.

In einer Hinsicht unterscheidet sich Höhler von Gerken jedoch fundamental. Denn für sie ist der *Added value*, also der Mehrwert und der Motor der Kundenbindung, die *Markenpower*, die wiederum aus sechs Elementen besteht:
* *Marktanteil*,
* *angemessener Preis*,
* *Langfristigkeit*,
* *Problemwahrnehmung* und *Zuordnung*,
* *Kundenbindung* wie Bekanntheit, Kundeneinstellung, Verbreitung, Kundentreue,
* *Organic Growth*.

Insgesamt also wieder Selbstverständlichkeiten und im Grunde nichts anderes als Übersetzungen des Wortes «Marke».

Diese strategischen Einsichten, die sich der Leser anhand des Inhaltsverzeichnisses zusammensuchen kann, werden gekrönt von dem, was für ihn persönlich interessant ist: vom «Spielplan für das Management». Er bildet den Schlußakkord des Buches und läßt sich in einem alten chinesischen Sprichwort zusammenfassen: «Herr der Vergangenheit ist, wer sich erinnern kann, Herr der Zukunft ist, wer sich wandeln kann.» Folglich lautet die erste Regel für den Management-Spielplan:

- Entwickeln Sie eine Kultur, die den Wandel begrüßt – oder auch: *Welcome change.* Bestimmen Sie Trends und Innovationsgeschwindigkeit selber.
- Delegieren Sie Erfolgskompetenz.
- Formulieren Sie eine klare Vision und Strategie. So entsteht geistige Fitneß.
- Behalten Sie das Ziel fest im Auge – sichern Sie Identität.
- Halten Sie das Geschäft einfach. Oder auch: *Keep the business simple.*
- Streben Sie nach dem Unmöglichen.
- Gewinnen Sie immer die Besten.
- Entwickeln Sie ein Gespür für Herausforderungen.
- Kommunizieren Sie mehr.
- Halten Sie die zentrale Mannschaft klein.

Es würde zu äußerst langweiligen Exegesen führen, wollte man nun die Wege Stück für Stück analysieren, die zu diesen Erkenntnissen führen – also etwa die Bedeutung neuer Kommunikationstechniken und die Bewältigung von Streß, wobei das hinlänglich bekannte Arsenal der Zeitschriften «Vital», «Fit for Fun» oder «Psychologie heute» und «Readers' Digest» noch einmal ausgebreitet, vor einseitiger Ernährung gewarnt und gelegentliches Lachen empfohlen wird. Es würde zu zeitraubenden semantischen Analysen führen, wollte man auch die Höhlerschen Weiterungen des Wortes *Lean Management* im einzelnen testen – also ökonomische und kontrollarme Prozesse, Kundenorientierung, Transparenz und Tempo, *High Quality Management*. Wiederum also dominieren Modebegriffe und eine Reihe von seltsamen Analogien wie diese: «In einem schlanken Unternehmen lassen sich, wie beim abgespeckten menschlichen Organismus, die einzelnen Muskelpartien wieder erkennen.»

Und noch einmal: die Chaosforschung

Es würde schließlich auch zu nutzlosen Anstrengungen führen, wollte man wieder einmal die Interpretation der Chaosforschung im einzelnen auf ihre betriebswirtschaftlichen Implikationen durchtesten. Die Argumentationsführung läßt jedenfalls nicht mehr erkennen als die üblichen Pflichtbestandteile der modischen Anwendung des begrifflichen Repertoires, wobei der prominenteste dieser Begriffe natürlich auch hier nicht fehlt: das *Fraktal*. Da ist man schon wieder bei Gerken. «Daß verborgene Ordnungsstränge im vermeintlichen Chaos pulsieren, ist für Manager wichtig, weil es zu einer Korrektur des Zugriffs auf Probleme zwingt. (…) Das ist die Chance, die für komplexe Großsysteme aus der Chaosforschung bezogen wird», so Höhler. Die Belege bleibt sie ebenso schuldig wie die kritischen Auseinandersetzungen mit derlei Analogien. Das entspricht auch nicht der Methode. Denn die besteht aus Beispielen, die als Erklärungen und Belege für vorangehende Beispiele benutzt und dann in eine Managementregel umformuliert werden: «Die selbstähnlichen Strukturen, bei denen jede Einheit das Bauprinzip des Ganzen wiederholt und damit den anderen Einheiten und dem Ganzen in allen Teilfunktionen und Strukturen ähnlich bleibt, sind ein überlegenes Bauprinzip, nach dem Natur, Architektur und Kunst lange vor dem computergestützten Blick in die kleinsten Einheiten ‹chaotischer› Figuren verfahren sind. Was das Auge begeistert und den Geist befriedigt, ist die vielfach symmetrische, fraktale Ordnung in den Fensterrosen von Chartres oder Reims wie im gotischen Maßwerk, im Seestern, in der Lilienblüte wie im regellos-regelhaften Geäst einer Buche, Linde oder Metasequoia. – Unternehmensstrukturen können durchaus mit den Schönheiten dieser Fraktale wetteifern, wenn sie zugleich deren Wetterfestigkeit und Biegsamkeit, Elastizität und Materialbeständigkeit teilen.»

Selbstähnlichkeit als Prinzip des Unternehmens? Konkreter gefragt: Vertrieb und Werbeabteilung, Personalbüro und Controlling, Poststelle und Telefonzentrale als *Fraktale*? Das ist blanker Unsinn, weil sich eine funktionierende Unternehmensstruktur auf dem Prinzip der Subsidiarität der unterschiedlichen Teile aufbaut – was nebenbei überhaupt Strategien wie *Outsourcing*, strategische Allianzen, *Profitcenter*-Prinzip und Wandlungsfähigkeit ermöglicht.

Emotionen, nichtphysikalische Beweggründe des Handelns, die zufällige Konstellation von Menschen mit unterschiedlichen Biographien oder auch Konkurrenzsituationen unterliegen nicht dem gewissermaßen statischen Prinzip der fraktalen Selbstähnlichkeit. Nichtsdestoweniger werden freimütig die irgendwo aufgeschnappten Kernbegriffe auf Welten angewendet, in denen sie strategisch nichts bedeuten. Der Grund ist vermutlich rein stilistischer Natur. Nachdem die systemtheoretischen Arsenale ausgeschöpft und der nichtssagend weitläufige Begriff der *Reduktion von Komplexität* bereits tausendfach abgewetzt wurde, bietet die *Chaosforschung* eine neue Möglichkeit, Modernität und Aktualität, Belesenheit und Transferwissen zu vermitteln – wobei allerdings in erster Linie Halbwissen bewiesen wird.

Auf die eigene Branche angewendet, scheint das Bild der *Fraktale* allerdings tatsächlich stimmig zu sein. Sowohl untereinander als auch in sich weisen die vielfältigen Bücher unterschiedlicher Autoren und Autorinnen eine erstaunlich modulare Struktur auf: Immer wieder stoßen wir auf dieselben Partikel, die sich gegenseitig durch ihre Ähnlichkeit auch in ihrer Geltung zu bestätigen scheinen. Da durch die Verleihung des Nobelpreises an den deutschen Wirtschaftswissenschaftler Seiten nun die Spieltheorie ins Blickfeld geraten ist, dürfen Wetten darauf abgeschlossen werden, daß auch sie bald zum Erklärungspotential der Beratungsgurus zählen wird.

Die Höhlersche Methode erinnert stark an Peter Sellers Figur Mr. Chance, der die Welt, die er nur aus dem Fernsehen kennt, mit Metaphern interpretiert und es damit bis zum Präsidenten der Vereinigten Staaten schafft. Einhundertsiebenundsiebzig solcher Sätze sind es in den «Spielregeln für Sieger», einige mehr in den «Wettspielen der Macht». Zusammengenommen reichten sie aus, um für jeden Tag des Jahres auf dem Abreißkalender des Managers das passende Motto zu plazieren.

KAPITEL 6

Die zweite Garnitur:
Matthias Horx, Suzi Chauvel und die anderen

Trends aus dem Horx-Büro

«Das Trendbüro», schreibt Horx in seinem 1993 erschienenen «Trendbuch», «ist eine Agentur für Consulting, Monitoring und Recherche. Von der schlichten Beratung bei der frühen Planung eines Produktes über die Mitarbeit bei Kampagnen und Produktdesign reicht unser Angebot. Wir organisieren Kongresse, Multimedia-Shows und arbeiten für Fernsehen und Printmedien.»

Die Methode im Hamburger Trendbüro ist der Vorgehensweise der anderen Beratungsfirmen abgeschaut: *Media monitoring* – Vor-Lesungen. Das läuft im einzelnen so ab:

• Der Grundstock des Wissens entsteht aus dem *Scanning der kulturellen Oberflächen*. Es werden Zeitungen und Zeitschriften, Radio- und Fernsehprogramme ausgewertet; außerdem beobachten die Trendbüro-Mitarbeiter die Buchproduktion der Verlage (das wären etwa 60 000 Titel pro Jahr, wenn man die Neuerscheinungen zählt, die auf der Frankfurter Buchmesse vorgestellt werden), die Programmentwicklung in den Museen, Theatern und sonstigen öffentlichen Institutionen. Zusätzlich werden fünfzig Fachzeitschriften für technologische Entwicklung, Futurologie und neuere Naturwissenschaften *gescannt*. Da das alles offensichtlich nicht sonderlich viel Zeit erfordert, werden zusätzlich «intensiv» die Entwicklungen in den elektronischen Medien auch in Amerika und in Japan beobachtet. In der Freizeit besucht die Trendbüro-Mannschaft Diskotheken, Clubs, Restaurants und Läden, analysiert Werbung und Videoclips und tummelt sich in der Welt der Jugendlichen. Wenn sich «eine Häufung gleichartiger Muster» ergibt, wird zunächst eine Trendthese aufgestellt. «Nun korrelieren wir das jeweilige Phänomen mit objektiven Daten: Stimmen unsere Beobachtungen mit den substantiellen Grundströmungen in der Gesellschaft überein, diagnostizieren wir einen Trend.»

- Neben dem *Scanning* wird *Monitoring* betrieben. Das ist ein Scanningprozeß, der in einem eingeschränkten Teilbereich stattfindet.

- *Trend scouting* findet in bestimmten Gruppen statt, deren Lebensstil in Ton und Bild festgehalten und später analysiert wird.

- *Die Cross-culture-Trendanalyse* resultiert aus der Konsultation von Experten aus Medien, Wissenschaft und Kultur. In solchen Sessions werden Philosophen zu Turnschuhen, Psychologen zu Fleischbrühe und Literaten zum Thema Ernährung befragt.

- Das *kollektive Orakel* geht davon aus, «daß ein bestimmtes Ensemble kluger Köpfe auf dem Weg kollektiven Ahnens Trends voraussehen kann».

- *Trendwelten-Präsentation* ist ein Verfahren zur sinnlichen Erfassung komplexer Trends, dessen präzise Wirkungsweise aus der Beschreibung nicht erkennbar ist. «Trendwelten sind virtuelle Räume», schreibt Horx, «in denen Gegenstände, Töne, Geräusche, Stoffe, Gerüche zu einem kohärenten Stil versammelt sind, der sich derzeit in unserer Kultur entfaltet. Man kann diesen Raum begehen, beriechen, betasten und interpretieren. In einem anschließenden Trendwelten-Workshop können die Teilnehmer einer Präsentation ihr Weltendummy erarbeiten.»

- Wie bei BrainReserve gibt es Pakete, mit denen die Abonnenten eines nicht für den öffentlichen Markt verfügbaren *Spezial-Trend-Letters* in regelmäßigen Abständen mit Gegen-

ständen und neuen Produkten zu Trendentwicklungen versorgt werden.
- Vermutlich werden diese Gegenstände («von Kerzenhaltern bis zu Pappsärgen») im *Trendmuseum* verwahrt.
- Es werden *Dummies* für Zukunftswaren entwickelt.
- Schließlich berät das Trendbüro Redaktionen, hält Kontakte zu Multimedia-Agenturen und tut auch sonst sehr viel.

«Das Instrumentarium stammt im wesentlichen aus zwei Bereichen», erläutert Horx, «nämlich Soziologie und Journalismus. Soziologie, weil wir natürlich wissen müssen, wie sich die Gesellschaft entwickeln wird. Auf der anderen Seite steht Recherche, Recherche, Recherche. Wir versuchen so viel wie möglich Fakten reinzukriegen. Das unterscheidet uns von anderen Trendinstitutionen, daß wir mit möglichst viel Material arbeiten. Es geht uns darum, zu beobachten und zu dokumentieren, wie sich Stilveränderungen in Zukunft abspielen werden, und zwar vor allem in den Sektoren Alltagskultur und Konsum.» Welche Schlußfolgerungen nun aus den Ratschlägen und der Sammlung des Trendbüros zu ziehen sind, bleibt Sache der beratenen Unternehmer selbst. Im Unterschied zu den Wagnissen, die eine empirische Marktforschung eingeht, bleiben die Risiken für die Horxschen Voraussagen gering. Denn die «Zuverlässigkeit (ist) insofern recht groß, weil wir nicht wirklich quantifizieren. Also wir sagen nicht, nächstes Jahr werden Sie, lieber Kunde, 7593 Autos in Grün verkaufen. Das interessiert uns weniger. Was wir sagen können, ist, daß dieses oder jenes Segment, daß dieses oder jenes Lebensgefühl sich ausweiten wird. Und da sind wir praktisch bei 100 Prozent.»

Der domestizierte Zufall

Die vielfältigen Facetten des gesellschaftlichen Lebens der neunziger Jahre bestätigen fast jede Trendprognose. Das ist ja der erstaunliche innere Widerspruch, der die Trendindustrie kennzeichnet: Auf der einen Seite wird, um es mit den Worten Gerkens auszudrücken, der *Optionalismus* als Grundmerkmal der Postmoderne ausgemacht. Das heißt, daß sehr unterschiedliche milieubedingte oder auch nur situationsabhängige Verhaltensweisen zu beobachten sind. Andererseits werden Entwürfe von zehn oder zwölf Basistrends angeboten, die alles zu überlagern scheinen. Unausweichlich also kommt es zu Widersprüchen: Bei der Beobachtung der Wirklichkeit zeigen sich verwirrende Inkonsistenzen.

So sah sich, wie im entsprechenden Kapitel bereits angedeutet, Faith Popcorn nach der lautstarken Prognose des *Cocooning* gezwungen, den Begriff durch allerlei seltsame Relativierungen (*Salooning, geselliges Cocooning* etc.) auch auf solche gesellschaftlichen Phänomene anzuwenden, die eigentlich mit diesem Begriff überhaupt nicht zu erfassen waren. Auch die These Horx', daß die nachindustrielle Konsumgesellschaft eine *Rezessionskultur* ausgeprägt habe, läßt sich jederzeit bestätigen und widerlegen. So verliert regelmäßig zur Weihnachtszeit auch die *Rezessionskultur* oder die *neue Bescheidenheit*, wie man sie vor einigen Jahren noch nannte, ihre Bedeutung. Statt dessen wird der *neue Luxus* ausgerufen, wie Ende 1994 wieder im «Stern» — publikumswirksam auf dem Cover. Die Methode: Beispiele luxuriöser Überflüssigkeiten, astronomische Preise, aber wieder keine repräsentativen Zahlen über die Verbreitung des vermeintlichen neuen Trends.

Diese beiläufigen Dokumentationen unserer Alltagskultur sind nicht mehr als selektive Bestandsaufnahmen aus dem facettenreichen Leben einer Gesellschaft, in der über nunmehr fünf friedliche und wirtschaftlich relativ solide Jahrzehnte jede

Menge Stoff angesammelt werden konnte, aus dem der Alltag sich gestalten läßt. Der von Marktforschern so lebenssprühend als *multioptional* charakterisierte Kunde neigt tatsächlich zum Kauf von billigen No-names oder zu einem Imbiß bei McDonalds oder einer anderen Burger-Station. Wer nächtens die Imbißbuden der Innenstädte absucht, wird lebendige Belege für die These der *Rezessionskultur* finden. Nach allem was die Marktforschung in ihrer Irritation mühsam herausgearbeitet hat, findet aber gleichzeitig bei denselben Personen auch genau das Gegenteil statt. Es ist nicht einmal unwahrscheinlich, daß viele der Kunden an diesen Imbißbuden nach einem ausgedehnten und luxuriösen Diner mit anschließendem Barbesuch einen diffusen Appetit befriedigen, der eben nur mit einer Krakauer oder einer Currywurst und einem Bier aus dem Pappbecher zu stillen ist. Was man nun aus diesem Angebot empirischer Beobachtungen am Rande der Society-Trampelpfade als bemerkenswert heraushebt, hat immer auch mit publizistischen Konjunkturen zu tun. Mal setzen die Medien eben auf den *Luxusboom*, dann wieder auf die *neue Bescheidenheit*. Daß beide Verhaltensweisen gleichzeitig existieren, ist belanglos. Wichtig ist, auf welche Erscheinungsformen unseres Alltagslebens der Suchscheinwerfer gerichtet ist: auf die Reservierungslisten der fashionablen Innenstadtlokale oder auf die Schlangen an den Würstchenbuden.

Dieser diffuse Appetit auf vordergründige Unvereinbarkeiten entspricht möglicherweise auch dem Hang zum *Authentischen*, den Horx als einen weiteren Verhaltenszug in unserer Gesellschaft spürt. «Das hat natürlich viel mit Rezessionen zu tun. Wir denken deshalb, daß Hersteller heute eher mit so etwas wie Authentizität wieder Vorsprung erringen können. (…) Junge Menschen merken das, ob die Marketing-Abteilung ein authentisches Interesse verfolgt oder ob da was aufgesetzt und einfach ein Thema besetzt wird. Authentisches Marketing ist genau das, was wir vom Trendbüro im Moment versuchen, auch mit den Kunden zu entwickeln: das ist die Nahtstelle, wo Trend-For-

schung die Funktion hat, Spiegelbild der Gesellschaft zu sein.»
Und so verkündete Peter Wippermann, zweiter Chef des Hamburger Trendbüros, auf dem «Ersten deutschen Trendtag» in Hamburg im März 1994 den einhundert offiziellen Teilnehmern, die pro Person eintausend Mark bezahlt hatten, was das sei. Er benutzte dazu ein weiteres wunderbares Wort. Es lautet: *Purifikation*, mit «k», immerhin. Die Puristen, so Wippermann, verstünden sich als Bewahrer der entschwindenden Wirklichkeit. «Sie brauchen Strukturen, harte, faßbare Strukturen. Ihre Leuchttürme heißen Holz, Eisen und was sonst noch als (...) ehrliches Material daherkommt. Ihre Lieder sind unplugged und laut.» Die authentische Kultur hat also etwas mit echten Materialien zu tun. Mehr erfährt man nicht, womit wiederum ein Grundzug der Trend-Forschung insgesamt deutlich wird – die Diffusität der Begriffe. *Unplugged* ist übrigens wieder *out*. Oder so *in*, wie es immer war, wenn sich jemand auf die Bühne setzte und zur Freude seines Publikums Gitarre spielte.

Manchmal genügt da schon die Faszination eines Films oder eines Romans, um plötzlich eine diffuse Ahnung öffentlich zu artikulieren. So brach nach Joseph Hellers verwirrter Frage: «Was geschah mit Slocum?» eine weltweite, faszinierte Auseinandersetzung mit der *Midlife-crisis* los. Und nach Douglas Couplands «Generation X» wurde der Trend einer Nach-Yuppie-Generation ausgerufen, deren Vertreter zwischen allen Stühlen sitzen und zukunftslos in grauer Illusionslosigkeit gerade noch in der Lage sind, den Alltag irgendwie zu bewältigen. Dieselbe schwarze existentialistische Philosophie wie die *Midlife-crisis*, diesmal für die Spätpubertierenden. Auch das ist ein Trend, den Horx im ersten «Trendbuch» feststellt. Wenig originell, aber hundertfach nacherzählt. Selbst der in analytischem Zweifel am Zeitgeistigen geschulte «Spiegel» benutzt in seinen Artikeln immer häufiger Begriffe wie *Generation X*.

Origineller ist da schon die Titelgeschichte des amerikanischen Wochenmagazins «Time» aus dem Dezember 1994 über einhundert ausgesuchte Führungspersönlichkeiten der Zukunft. Die meisten der faszinierenden Menschen, die die «Time»-Rechercheure weltweit ausfindig machten, sind unter vierzig Jahre alt, zählen im Prinzip also zur *Generation X*. Nur teilen weder die beschriebenen Männer noch die Frauen die Haltung dieser ihrer Generation – was wieder nur heißen kann, daß eine statistisch insignifikante Beobachtung zur gesellschaftlichen Essenz hochstilisiert wurde. Ginge man mit dem Material von «Time» ähnlich um wie die Trendindustrie mit dem literarischen Impuls von Douglas Coupland, käme man nicht umhin, einen Trend zur *essayistisch-konstruktiven Generation* festzustellen – und das weltweit.

Chaosforschung, die dritte

Horx gerät also ebenso wie Gerken, Höhler oder Popcorn in die Verlegenheit, auch Widersprüchliches zulassen zu müssen. Und erneut wird die Chaosforschung bemüht; diesmal mit einem Schuß Semiotik. «Was wir machen können», sagt Horx, «ist, Information aus vielen Fachbereichen zu verdichten. Das ist das ganz Entscheidende. Und die Gesellschaft ist ein großes Kraftfeld, das sich selber steuert, und das aus sich selbst heraus immer wieder neue Trends erzeugt. Das hat viel mit Chaosforschung und einer neuen naturwissenschaftlichen Sicht der Dinge zu tun. Mit dieser Art von Sichtweise schauen wir auf die Gesellschaft und versuchen die Zeichen, die von ihr ausgehen, zu analysieren. Das ist so eine Art Zeichenkunde, wenn Sie so wollen.»

Mit den Methoden der Chaosforschung auf die Welt zu schauen bedeutet, wie schon einmal in der Auseinandersetzung mit Gerken dargelegt, die Selbstähnlichkeit der Elemente in der vermeintlichen Unordnung zu erkennen. Aber auch bei Horx ist von dieser Selbstähnlichkeit wenig zu sehen, vor allem dann, wenn die Gesellschaft sich tatsächlich in ihren aus sich selbst erzeugten Trends zu erkennen gibt, die Sache widersprüchlich ist und neben dem Grundzug zum *Authentischen* der *Aufbruch in virtuelle Welten* prognostiziert wird. In der Logik der vielfältigen Gesellschaft und aus der Perspektive des *multioptionalen Konsumenten* herrscht zwischen dem Wunsch nach authentischer Kultur und den Ausflügen in virtuelle Welten kein Widerspruch. Nur sind diese Dinge gänzlich unterschiedlichen Charakters. Und auch die immer wieder neben der *Rezessionskultur* beschworene neue *Teddybärenwelt* ist nur eine Facette, die mit anderen im Genrebild der vielfältigen Gesellschaft nichts gemein hat. Natürlich hat Horx gut beobachtet, wenn er den Mazda 121 zur Ausdrucksform des *ästhetischen Cocooning* stilisiert und die Konjunktur der Teddybären als bemerkenswert darstellt. Flugs findet sich eine psychologisierende Erkenntnis: *Regression*. Wie sich diese *Regression* und die Abrundung der Welt mit anderen Beobachtungen verträgt, die man zum Beispiel auch dem schäumenden Vokabular der BrainReserve entnehmen könnte, bleibt offen – zum Beispiel mit den kantigen Deklarationen des *Wilderness*-Trends, den Geländewagen, die über die glattgebügelten Prachtboulevards der Innenstädte cruisen, den Mountainbikes, neonbeleuchteten Lokalen und brutalen Techno-Sounds, die Wippermann auf dem «Ersten Hamburger Trendtag» zur apokalyptischen Endzeitmusik (Trend: *Fin de siècle*) deklariert. Die Zyniker haben die Welt der Dinge abgeschrieben. «Zu düsteren Techno-Rhythmen beginnt ihr Abtanzball im Festsaal der gesunkenen Titanic.»

Das ist schön formuliert.

Mehr aber leider nicht.

Und so verlangt eine Teilnehmerin aus dem Auditorium der «Ersten Hamburger Trendtage» drei, nur drei knallharte Trends, die das Europa der nächsten Jahre prägen werden und mit denen man arbeiten kann. Die Frage sei zu schablonenhaft gestellt, erwidert Horx. Und irgendwie läuft dann alles auf eine alte Einsicht hinaus, die in den fünfziger Jahren vom Sozialpsychologen Leon Festinger und in den Siebzigern dann von Kommunikationswissenschaftlern unter dem Begriff der *Selective exposure* zusammengefaßt wurde: Immer mehr Medien werden zur Verfügung stehen, und die Menschen werden selektiver damit umgehen, damit zersplittert sich die Gesellschaft weiter, die Werbung wird unwichtiger... Auch Peter Wippermann steuert noch vier Trends bei, den erwähnten Zug zur *Purifikation* und den des *Compost modernism*, die dem «Verfall die wiederholbaren Teile zu entreißen» suchen, die *Trendwelt der Patina*, von der nicht so ganz klar wird, was sie eigentlich ist, und schließlich die schon erwähnte und auch im ersten «Trendbuch» ausführlicher erläuterte *Fin-de-siècle*-Stimmung. Die allerdings wird im «Trendbuch 2» schon ein wenig optimistisch eingefärbt, weil Horx und Wippermann nun gelesen haben, daß es alles nicht so schlimm ist mit der Umwelt. Da wird *Ökologie* mit *regressiver Religion* gleichgesetzt, mit Büßermentalität, die angeblich tätige Reue übt für den Konsumwahn der achtziger Jahre. Der alte antikommunistische Haß entlade sich nun, nach dem Verlust der Feindbilder, im *Greenlash*.

Eine «fraktionsübergreifende Schaumsprache» nennt es der Berliner «Tagesspiegel». «Offenbar einem Pawlowschen Reflex folgend, fallen Standpunktinhaber immer wieder in jenen Redefluß, der früher einmal ‹Brustton der Überzeugung› genannt wurde. Damit allein ist aber kein Blumentopf mehr zu gewinnen. Der Mittelgewichtsintellektuelle und Medienhengst von heute lebt *in touch with tomorrow*.»

Damit das auch sprachlich gelingt, haben Horx und Wippermann zwischen den beiden Trendbüchern ein Lexikon der Worte auf den Markt gebracht, die gestern niemand kannte und auch nicht brauchte und die morgen jeder vergessen haben wird: das Lexikon der Trendsprache. Dieses wiederum hat eine gewisse Selbstähnlichkeit mit dem «Trendbuch», in dem mit schwungvollen grellroten Leuchtspuren eine Verbindung zwischen bestimmten Vokabeln im Text und ihrer kurzen Erläuterung am Rande der Seite hergestellt ist. *Campaigning, Hedonismus, Konsumismus, Singleisierung*; natürlich *Cocooning*, das Modewort der neunziger Jahre; *Werbekrise, Multimedia, Wertewandel, Rezessionskultur* und viele andere – ein Medley aus Vordergründigkeit und Modischem, ein semantisches Museum, in das sich Kerzenleuchter und Pappsärge gut eingemeinden. Das ändert sich auch im «Trendbuch 2» nicht wesentlich: Es gleicht in *fraktaler* Selbstähnlichkeit dem ersten Buch, vermittelt aber journalistisch höchst geschickt die Illusion des Neuen, einfach weil eine «2» draufsteht. Die Begriffe bleiben ähnlich diffus oder auch charmant nebulös. Zwar versprechen Horx und Wippermann ihren potentiellen Auftraggebern in einem Werbeprospekt, nicht die krause Sprache des Trendgemunkels zu verwenden. Doch ihre Ausführungen, die selten mit statistischen Belegen angereichert werden, sind von einer geradezu mystischen Geheimnistümelei – oder auch von gewollt sperriger Andersartigkeit, denn es geht ja auf diesem Markt um die schnelle Besetzung von Begriffen, die sich dann als eindeutig gerkenhaft, horxistisch oder höleresk identifizieren lassen. Insofern sind visionäre Vokabeln auch Marketingbegriffe: *Generationalisierung, Amorphität, Down-nesting, Revivalismus, Multiperspektivik, Polykulturalismus, Paradoxismus, Gerontosierung, Hollandisierung, Mafialisierung, Girlieismus, Onanisierung, Apokalyptizismus* und so weiter.

Die Methode ist klar: Wir benennen etwas, das ohnehin jedem klar ist, mit einem klingenden, swingenden Szenebegriff, der zwar irgendwie noch vage Assoziationen weckt, aber eindeutig als Vokabel der «Trendbüro»-Sprache erkennbar ist, überantworten diese den Medien, die begierig darauf sind, irgend etwas «exklusiv» zu haben, und schon dreht sich die Sache im Kreis. Horxismus, das ist die Neubenennung altbekannter Dinge, die bereits vor Jahrzehnten in der wissenschaftlichen Schaumsprache der Soziologie mit einem Fremdwort bezeichnet wurden – das auch damals schon die besondere Bedeutung der

Namen verteilenden Disziplin lautmalerisch unterstreichen sollte.

Trend-Forschung selbst wird zum Symptom. Eine Kaste der neuen Konsumelite gefällt sich darin, vor dem Spiegel in ständig changierenden Kapriolen die Tatsache zu feiern, daß die Zwei-drittelgesellschaft Wirklichkeit geworden ist: hier die Konsum-bürger – dort der verschwindende Mittelstand, der bisher ohne-hin nur störte, weil er ständig kopierte, was auf dem Karneval der Moden ausgedacht wurde. Die USA führen uns das derzeit in dramatischer Weise vor. Die Frage bleibt nur, was sich konkret mit diesen Darbietungen anfangen läßt.

Der Trend zum Do-it-yourself-Trend

Die offenherzigste Antwort gibt Suzi Chauvel, die mit ihrem Be-ratungsunternehmen Pop Eye neben Horx zu den Shooting-Stars aus der zweiten Reihe avanciert ist: «Ich lasse meine Kun-den für sich selbst entscheiden, was hip oder hop ist.»

Dabei geht es Suzi Chauvel nicht um Trends. Sie haßt allein das Wort. Sie nennt Trends daher *Links*. Was das heißt? «Ein-fach Verbindung. Trends entstehen ja nicht einfach aus dem Nichts, sondern sind durch verschiedene Links miteinander verbunden.» Dennoch reklamiert Chauvel eine Reihe von *Trendentlarvungen* für sich – zum Beispiel die sogenannten «Cross-over-Aktivitäten. Außerdem macht sich eine neue Spiri-tualität bemerkbar. Ein weiterer Trend sind die nostalgischen Nomaden. Das sind Leute, die im buchstäblichen Sinn und in geistiger Hinsicht ständig auf Reisen sind, etwa die ‹Zippies›. Messaging ist auch ein Trend: sich verständlich zu machen über Symbole. Dieses Phänomen macht sich gerade in der Werbung bemerkbar.» Was heißt das? Und wie ist das Konzept von Pop Eye? Chauvel arbeitet, wie sie sagt, auf drei Ebenen: «Die Stufen heißen Reality, Reality Action und Reality Reaction.» Auf allen drei Stufen werden Videos gezeigt. Das ist es dann. Suzi Chauvel nimmt die Jugendkultur, präziser: die Kultur der *Generation X*, auf Videos auf und zeigt sie den Firmenchefs und Managern, die dafür zwischen 3000 und 300000 Dollar bezahlen. Die Interpretation haben sie, wie gesagt, selbst zu leisten. Das billigste Basisvideo kommt auf der *Reality-Stufe* daher und vermittelt «Einblicke in die Globalkultur».

Die nächste Stufe *Reality Action* «ist eine Art Kulturseminar». In der dritten Stufe werden dann Videos abgespult, die auf individuelle Kundenwünsche abgestellt sind. Konkret läuft das so: «Die Firma Nike möchte wissen, warum jeder auf Raves mit Adidas-Turnschuhen herumläuft. Um dieses Phänomen verständlich zu machen, führen wir spezielle Videos vor, die das Leben von Ravern und deren Bedürfnisse darstellen. Die Kids äußern sich dann zum Beispiel zu Fragen wie ‹Warum tragt ihr gerade diese Schuhe?›.» Darauf aufbauend werden mit der tätigen Hilfe der jungen Suzi Marketingmaßnahmen besprochen. Die Methode nennt sich *True Data*.

Diese ebenso einfache wie geniale Geschäftsidee, die Kunden selbst arbeiten zu lassen, verführte verständlicherweise eine Reihe von Werbeleuten dazu, ebenfalls einen Versuch zu starten, Trends zu vermarkten. Einige Beispiele: Im Juli 1991 gründeten die drei Freundinnen Heike Melba Fendel, Mechthild Holter und Anja Friehoff in Köln die Agentur Barbarella. Sie erfanden den Kult zur Fernsehserie «Twin Peaks». Als Spezialität nennen sie *Guerilla Marketing*, ein Begriff, der zwar vom Amerikaner Jay C. Levinson erfunden wurde und damit auch mit einer gewissen urheberrechtlichen Vorsicht verwendet werden sollte. Aber die Szene ist schnell und vergeßlich. Und so läßt sich im Zuge des fraktalen Recycling auch der eine oder andere Begriff sozialisieren. Ebenfalls in Köln etablierte sich Anfang der neunziger Jahre die Agentur Megacult, die sich als Kenner der Jugendkultur und der Musikszene andient. Die Suche der «Teens und Twens nach Symbolen» wird von der Offenbacher Agentur

Die Brut unterstützt. In Wiesbaden spürt At Work neue Trends auf und verarbeitet sie in Promotions. Seit 1991 werkelt die Hamburger Agentur Forecast. Sie ist Anhänger des Hip-Hop-Clubs Powerhouse in St. Pauli. Was man da beobachtet, wird, wie bei Chauvel, archiviert und als Trend weiterverkauft. Umsatz 1994: 1,5 Millionen Mark.

Als eine der führenden Agenturen im neuen Trendgeschäft gilt der Laden von Chris Häberlin und Stefan Maurer in München. Mit zwanzig festen Mitarbeitern betreuen sie Nokia, Sat 1, Bally und Omega – wobei «Betreuung» heißt, daß man einige Projekte miteinander realisiert. Der 27jährige Stefan Maurer vergleicht Trends mit Eisenbahnzügen: Sie stehen jederzeit und überall bereit; symbolisieren Sehnsüchte, Ängste und Bedürfnisse. Fährt ein Zug ab, setzt sich ein Trend in Bewegung. Für die, die nicht dabei sind, so darf man schließen, ist der Zug abgefahren. Das systematische Agenturinstrumentarium zur Haeberlin & Maurer-Trendberatung macht in Deutschland rund 500 Trendthemen mit Zukunftspotential aus. Auch hier ist ein *Scout*-System etabliert, das tagesaktuell Trends per Fax ins Hauptquartier liefert. Auch hier werden (150) Zeitungen ausgewertet, ein *Trend-ranking* basiert auf einer Befragung von 400 *Opinion-leaders*.

Da diese Praxis doch sehr stark an die Arbeit einer ganz normalen Werbeagentur erinnert, zeigen sich einige dieser Werbeagenturen auch ein wenig beeindruckt, wenn nicht gar beunruhigt und etablieren eigene Trendabteilungen. So wurde der stellvertretende Chefredakteur ebenjenes Trendblattes «Wiener», Michael Konitzer, nach seinem Abgang aus dem bald darauf an Zeitgeist-Schwindsucht dahinsterbenden «Wiener» zunächst offiziell angestellter Zukunftsbeauftragter bei der Hamburger Werbeagentur Scholz & Friends und später *Online-Berater*. Schon für den «Wiener» hatte Konitzer eine *Trend-Datenbank* mit zwanzig Zulieferern aus dem Metier aufgebaut. Überdies kooperierte er mit Gerd Gerken, der im Trendblatt eine regelmäßige Kolumne ablieferte. Doch trotz der geballten Ladung Zukunftskompetenz war das Blatt nicht zu halten. Der Trend ging gegen das Magazin, das sich seiner Entdeckung gewidmet hatte.

Peter M. Schöning, Geschäftsführer bei Scholz & Friends, begründete die Einstellung von Konitzer damit, daß man «noch näher am Markt» sein wolle. Allerdings nannte man den neuen Tätigkeitsbereich nicht etwa *Trend-*, sondern *Turbulenzforschungssystem*. Das Metier ist ja wahrlich arm an neuen Begriffen. Erster Beitrag Konitzers: In Paris trägt «man» beim Ausgehen Schürzen über den Jeans. «Dieser Trend paßt gut zum Thema ‹Workwear›. Die Szene entwickelt in letzter Zeit einen Hang zum Handwerklichen.»

Trend-Forschung in den Unternehmen

Der nächste Schritt ist wiederum nur logisch und eigentlich der vernünftigste: Wenn schon die Gurus exorbitante Summen verlangen, aus der mittleren Liga unverständliche und oft nicht minder teure Unverbindlichkeiten kommen, die Werbeagenturen ihre Infrastruktur teilweise weiter verteuern, schließlich die Vorschläge der Suzi Chauvel dahin gehen, es sich gleich selber zu richten, wird man den Impuls aufnehmen und die Trend-Forschung da plazieren, wo sie Gehör finden soll: in den Unternehmen. So integrierte Daimler-Benz in Berlin in seinen Forschungsbetrieb eine Abteilung, die sich «Technik und Gesellschaft» nennt. Zwanzig Spezialisten aus unterschiedlichen Disziplinen arbeiten an Fragen der Zukunft. Bei einem Unternehmen, das mit Produktionsketten von zum Teil einem Jahrzehnt zu kämpfen hat, können längerfristig angelegte Prognosen über die Entwicklung der Gesellschaft existenzerhaltend sein. Frank Ruff, Mitglied dieser Gruppe, sieht gegenüber der klassischen Marktforschung den großen Vorteil, daß die Arbeit über die Interpretation des Vorfindlichen weit hinausgeht.

131

Bei Philip Morris Deutschland hat Marketingleiter Hans Joachim Richter eine ähnliche Institution aufgebaut. Er unterscheidet zwischen Trends und Tendenzen, die nur *trendy* sind, zwischen *Szenen* und *Freaks*. *Trend-scanning* und Marktforschung werden synchronisiert. Das Ergebnis schlägt sich in den Marketingaktivitäten für die Produkte des Hauses nieder – wie etwa im *Marlboro Project*, das zigarettenunabhängige Werte wie Kreativität, Selbstbestimmung, Unabhängigkeit, Natur und Kommunikation betont. Im angrenzenden Projekt *Talk with tomorrow* geht es fast spiritistisch zu. Jungen Menschen wird die Möglichkeit eröffnet, eine Reise ins nächste Jahrtausend anzutreten. Ihre Leitfigur soll ein *Minister for tomorrow* sein.

Die Hosenfirma Levi Strauss setzt wie Suzi Chauvel auf Szenebeobachtung. Ununterbrochen hetzen *Scouts* durch die Welt der Diskos, Musik-, Party- und Modeszene und halten alles fest, was *hip* ist oder auch *hop*. Marketingleiter Ohnemus: «Sie müssen Mitarbeiter haben, die nahe an der Zielgruppe leben. Sie müssen viele verschiedene Leute haben, die Ihnen ein aktuelles Feedback geben, denn die Szenen sind sehr unterschiedlich.»

Der Druck, der durch diese Geschäftigkeit der Trend-Forschung entsteht, ist beträchtlich. Denn Firmen, die in aller Ruhe zu Werke gehen wollen und sich die Investition eines *Trend-Scout* oder gar eines Gurus auch aus der Verantwortlichkeit vor ihren Bilanzen oder Aktionären dreimal überlegen, geraten in eine Art irrationalen Zugzwang: Ist an der Geschichte nicht doch mehr dran, als man vermutet? Versteht man nicht, weil man den Zug der Zeit verpaßt hat?

Die Beunruhigung ist unbegründet. Denn bei näherem Hinsehen zeigt sich, daß die Trendforscher mit ihren fetzigen Begriffen hauptsächlich in Gefilden kurzlebiger Produkte unterwegs sind – oder noch präziser: in Gefilden kurzlebiger äußerer Erscheinungsformen von Produkten, die es immer gab und immer geben wird. Ihr Job ist die Nuancierung von Überflüssigem. Das Metier von 98 Prozent der Industrie und der Dienstleistungsangebote besteht allerdings darin, mit zukunftsweisenden Produkt-innovationen Trends zu setzen und nicht, ihnen nachzueilen. Wiederum Dreiviertel dieser 98 Prozent machen Unternehmen aus, für die oberflächliche Trends in Szenen und Subkulturen un-erheblich sind. Für sie, für die Hersteller von Hochleistungsven-tilen, Einbausystemen für PKWs, Hochtemperatur-Klebstoffen oder mineralischen Weichmachern für die Kunststoffindustrie, für Software-Programmierer und Labortechnikfabrikanten, gel-ten andere Gesetze. Hier ist es längst selbstverständlich, daß Techniker zugleich auch enge Vertraute der Kunden sind – und damit Kommunikationsfachleute. Was andernorts in teuren Se-minaren angeboten wird, hier ist es Wirklichkeit.

Leider geben diese Unternehmen kaum attraktive Themen für die bunten Bilderzeitschriften ab, die heute die Szene der Kurz-weil-Intellektuellen prägen. Auch kritische Stimmen finden we-nig Gehör, weil sie sich derzeit nicht zur Veröffentlichung eig-nen. Sie sind nicht spektakulär. Was soll man publizistisch auch damit anfangen, wenn der Geschäftsführer der Ayer Marken-werbung, Rolf Homann, die Trendforscher weitgehend zu «Scharlatanen» erklärt, «für eine zweite Gerken-Generation, die sich ungeheuer wichtig macht», und sich dann wieder seinen Tagesgeschäften zuwendet? Fred Baader von der Hamburger Werbeagentur Baader, Lang & Behncken, setzt noch eins drauf und meint, daß es sich bei den Ergebnissen der «Trendpropheten ausnahmslos um Wiedergekautes handelt, das er alles schon mal in einem anderen Zusammenhang gehört» habe. Darin pflichtet ihm sein Konkurrent und Kollege Holger Jung bei, Mit-inhaber der Agentur Jung von Matt. «Schindluder!» ist sein Kommentar. «Überall gleich einen Trend zu sehen ist in sich selbst ja schon zu einem Trend geworden.» Als dritter Zeuge darf Henk Slagman aufgerufen werden, der als Chairman der ebenfalls sehr erfolgreichen Werbeagentur Springer & Jacoby sagte, es sei «völliger Schwachsinn», die Werbung nach ver-meintlichen Trends auszurichten. Er hielt es für geradezu «verlogen», die Trenddepartments Kunden gegenüber als Akquisitionsargument zu nutzen. Die Zeit gibt den Kritikern recht. Eben hat sich der Zigarettenkonzern Reemtsma von der Gerken-Konzeption des fraktalen Marketing für die Zigarette «West» verabschiedet. Grund: Die Konfetti-Kampagne war teuer und brachte nichts, ja zerstörte den Markenkern und war überdies in einer globalen Kampagne nicht zu gebrauchen.

Ein Argument haben die Trend-Gurus, die Trendpropheten, die Trendforscher oder wie immer sie sich nennen, dennoch auf ihrer Seite. Manchmal gelingt es, aus einer beiläufigen Beobachtung, aus einer demographischen Entwicklung, aus einer Szene einen weltweit erfolgreichen Trend zu destillieren und mit ihm die Welt zu verändern. Und weil das gelegentlich gelingt, ist die Branche ruhelos auf der Suche nach dem nächsten Coup. Der Traum aller ist, daß ihnen etwas gelingt, was der erfolgreichsten Trendvision aller Zeiten gelang: die Belebung eines statistischen Phantoms zum wilden Konsumenten.

KAPITEL 7

Phantom und Matrize:
Das Lehrstück der Yuppies

Die Geburt einer Trendvokabel
aus dem Geist der Demographie

Man mußte in der ersten Hälfte der achtziger Jahre den Eindruck gewinnen, daß unsere Städte von einer Millionenschar ambitioniert konsumierender, Health-club-gestählter Karrieristen bevölkert seien, die sich ausschließlich von Sushi und Perrier ernährten und mit spektakulären Börsendeals sagenhafte Reichtümer anhäuften. *Young* waren sie, wie man hörte – zwischen 25 und 35 Jahre alt; *urban* – zu Hause auf den Trampelpfaden der anspruchsvollen Gastro-Society und gewitzt in der Akquisition von Lofts und Dachgeschoßausbauten und Penthouses; und *professional* – tätig in modernen Berufen als Broker, Rechtsanwälte, Makler, Werber, Fotografen, Designer oder Galeristen. Wie sie auszusehen hatten, beschrieb das 1984 von Marissa Piesman und Marilee Hartley bei Long Shadow Books in New York herausgegebene «State of the Art Manual», das erst 1988 auf deutsch erschien.

Da war schon alles vorbei.

Alice Kahn, die amerikanische Zeitgeist-Kolumnistin, die nach meinen Recherchen den Begriff des *Yuppie* als erste gebrauchte (am 10. Juni 1983 auf der Titelseite des Werbeblattes «Express – The East Bay's Free Weekly» im kalifornischen Berkeley), formulierte ebendort am 26. Juli 1985 den Abgesang: «Where have all the yuppies gone?»

Sie stand mit ihrer verwunderten Frage nicht allein. Im zweiten Teil der «New York Times», in der der Zeitgeist der Sechsmillionenstadt seinen publizistischen Ausdruck findet, hatte Maureen Dowd schon einen Monat zuvor, am 28. Juni 1985, das Ende der kurzlebigen Erscheinung des demographischen Phantoms konstatiert. Ihr Artikel erschien wenige Tage später als Zeichen der internationalen Aufmerksamkeit in der «Herald Tribune». Das war lange vor dem unerwarteten und spektakulären Börsenkrach des Oktober 1987, den man auf das Konto der skrupellos agierenden *New class brokers* buchte. Aber diese Reaktion war ebenso realitätsfern wie die Vorstellung der geschlossenen Gruppe einer quasi logenhaft formierten Zeitgeist-Guerilla, die die Kultur und die Wirtschaft nach ihrem Gusto ummodelte. Die *Yuppies* waren keine Gruppe. Sie waren die platonische Idee einer neuen Verhaltensform, die sich in einer *Selffulfilling prophecy* umsetzte und zu einer Wirklichkeit verdichtete. Das Wort war ein Glücksgriff der Werbepublizistik, ein Geniestreich, der gelingen konnte, weil die so beschriebene Vorstellung auf die Karrierephantasien einer zahlenmäßig gigantischen Generation stieß, auf jene der *Babyboomer*.

Yuppies als Medienkonstruktion

Daß die Medien den Ruf begeistert aufnahmen und forttrugen, ist verständlich, das Kalkül einfach und für die gesamte Trend-Forschung symptomatisch: Um die demographischen Schätze zu heben, die sich in der *Babyboom*-Generation abzeichneten, mußte eine attraktive Artikulation des massenhaften Selbstverständnisses formuliert werden, in der sich jedes einzelne Mitglied dieser Generation wiederfinden konnte; dieses Selbstverständnis verlängerte sich in den redaktionellen Konzepten und fundierte damit die einschlägige Werbeträger-Qualität. Einer Generation wurde ein Lebensstil appliziert, von einer Publizistik, die einen neuen vielversprechenden Absatzmarkt ahnte.

«Bits and Bytes and Boomers», alliterierte «People Weekly» in großen Anzeigen im Herbst 1984. Das Magazin setzte auf die *Babyboomer*, auf ein ungeahntes Kaufpotential, das – naheliegend – überproportional in der Klientel des Blattes vertreten sei. «Baby Boomers Push for Power», hatte «Business Week» 1984 diagnostiziert und damit die einzige tiefgreifende Analyse des Phänomens vorgelegt, die im publizistischen Tumult um den Zeitgeist zu haben war. Die zweifelhafte Identifikation von *Babyboomer* und *Yuppies* wurde hier deutlich.

Dennoch blieb die Fiktion des *Yuppie* selbst da aufrechterhalten, wo sich statistisch zwischen den Zeilen Zweifel regten – etwa im Nachrichtenmagazin «Newsweek», das im Dezember 1984 die vergangenen zwölf Monate zum «Year of the Yuppie» deklarierte, obwohl die Titelgeschichte eigentlich nahelegte, daß die lupenreinen Repräsentanten des Typus rein statistisch spärlich gesät waren. Als nämlich professionelle Soziologen sich der Sache annahmen und durchrechneten, welcher Prozentsatz der Amerikaner die Kriterien der Kerndefinition erfüllte – gleichzeitig *young, urban* und *professional* zu sein –, stieß man auf eher enttäuschende Zahlen. «Wenn man es ein wenig oberflächlich definiert», schrieb John L. Hammond, Professor für Soziologie am Hunter College und am Graduate Centre der City University of New York, «also jeden einbezieht, der nach 1945 geboren ist und einen Collegeabschluß hat, gibt es 1983 8,4 Prozent Yuppies. Legt man hingegen die Kriterien an, die Newsweek in seiner Yuppie-Titelgeschichte verwendete – nach 1945 geboren und heute mit einem Einkommen von mindestens 35 000 Dollar jährlich aus einem akademischen oder Management-Beruf –, dann repräsentieren sie gerade 1,1 Prozent der amerikanischen Bevölkerung.»

Das sind absolut gesehen immer noch große Zielgruppen. Legt man entsprechende Werte allerdings um auf europäische Verhältnisse, kommt man auf verschwindend geringe Zahlen. Dennoch hat der Begriff auch in Europa die Marketingleute eine Zeitlang fasziniert. Möglicherweise verbarg der Begriff des

Young urban professional noch andere marktfähige Implikationen?

John L. Hammond verließ sich daher in seiner Analyse auf keine der Definitionen, sondern untersuchte die Mentalität, stieß generell kaum auf Unterschiede zum Wertesystem der Durchschnittsamerikaner, folgerte wissenschaftlich akkurat, daß es keine *Yuppies* gäbe, und interpretierte das Phänomen als Ergebnis einer «medialen Halluzination».

Die Selbstverwirklichung des Phantoms

Und doch ging der Befund an der Wirklichkeit vorbei. In dem Maße nämlich, in dem der Öffentlichkeit durch die Medien das Phänomen der *Yuppies* nahegebracht wurde, formierte sich das Verhalten nach den Modellen der Publizistik, weil einfach die Beobachtungsgabe für bestimmte Akzente der Wirklichkeit geschärft wurde: eben für die Health-Clubs, Sushi-Bars, Lofts und die Rituale der Bekleidung. Ein Trend.

Mehr und mehr Menschen zwischen 25 und 35 Jahren, dann auch jüngere und ältere und Angehörige anderer Berufe und Bewohner kleinerer Städte richteten sich in Teilen ihres Verhaltens nach der quasistatistischen Wahrnehmung ihrer selbst als Teil einer großen, formierten Gruppe. Werbetechnisch werden Prozesse dieser Art als «Abstrahlungseffekte» bezeichnet. Sie werden uns wiederbegegnen beim neuen gesellschaftlichen Interesse an der Familie.

Marketing und Werbung reagierten durch die Inszenierung des Kerntypus in den Geschichten der Anzeigen und Plakate, internationalisierten sich in einer beispiellosen, wenngleich unkoordinierten Quasi-Kampagne durch die journalistische Aufmerksamkeit dem Phänomen gegenüber, die immer wieder die gleichen Zeichen des Zeitgeistes umspielte: in den USA, in Europa und schließlich in Japan, was «Business Week» zu einer

Story über «The Rise and Rise of the Japanese Yuppie» inspirierte. Belegte Zahlen suchte man allerdings wieder vergeblich.

Begierig nahm auch die Illustrierten- und Magazinszene der Bundesrepublik den Impuls auf. Der «Spiegel» ortete den neuen Luxusrausch als erster, in einer Titelstory, die in ihrer Beschreibung der skizzierten *Yuppie*-Mentalität recht nahe kam, doch die Analyse des Phänomens durch die Summierung von Preisschildern ersetzte. Wenn auch die «Zeit» – eher reserviert aufgrund eigener Recherchen beim Einzelhandel für den gehobenen Bedarf – Zweifel anmeldete, daß die Trendmeldungen eine substantielle Grundlage besäßen, blieb grundsätzlich der Tenor dieser: Ein neuer luxuskonsumorientierter Zeitgeist ist ausgebrochen. Das geschah keineswegs nur in den definitiv auf diesen Zeitgeist ausgerichteten Blättern wie dem «Wiener» oder anderen Savoir-vivre-Postillen.

Im «Stern» zum Beispiel, der auch 1994 mit einer Vorweihnachtsgeschichte über den neuen Luxus aufmachte, tauchten die *Yuppies* bereits am 27. November 1987, kurz nach dem letzten Zahltag vor dem Weihnachtsgeschäft, wieder auf – «eine ungeduldige Generation, im Wohlstand aufgewachsen, setzt neue Konsummaßstäbe. Nicht Masse, sondern Qualität heißt die Devise. Lebensfreude darf was kosten. Die Probleme der Welt? Das eigene Glück ist wichtiger.»

Am 15. Mai 1987 legte das ZDF mit einer Reportage über das Lebensgefühl der «Yuppies in Deutschland» nach, zur besten Sendezeit: «Kaschmir, Kaviar, Karriere». Bis heute hat sich diese Praxis gehalten, wenn auch mittlerweile in Konkurrenz zur Beobachtung der «neuen Bescheidenheit». Die Manifestationen des Luxuskonsums sind – mit Ausnahmen – allerdings nicht mehr so vordergründig wie in den Titelgeschichten der späten achtziger Jahre. Dafür hat sich der Luxusmarkt selbstverständlich etabliert, zeigt sich in den Werbungen, in den «Anzeigenstrecken», in den Auslagen der Innenstadtgeschäfte, im Verlust der Mitte. Die Dinge sind entweder edel und teuer oder billig und von zweifelhafter Qualität. Die sogenannten «Yuppies» selbst hielten sich nicht so lang wie die Waren: Niemand, so hieß es schon Ende der achtziger Jahre, fühlte sich so recht als *Yuppie*. Die Frage blieb, warum einerseits das Thema dennoch so erfolgreich wurde und andererseits im Alltag immer mehr Insignien des Typus zu sichten waren: ostentativ vorgetragener Erfolg; Konsum hochklassiger Markenartikel mit hohem symbolischem Wert und großer Transparenz des Preisgefüges; Adaptionen ehemaliger Durchschnittswaren für die obersten Marktsegmente: Kombis und Fahrräder; die breite Nutzung miniaturisierter Technik; Fitneßwellen; die Vermehrung teurer italienischer und japanischer Restaurants; und Zeitschriften, die sich des Zeitgeistes annehmen und ihn mitunter sogar im Titel trugen, ihn dann später aber in aller Stille wieder ablegten.

Der Rohstoff:
Die Babyboomer-Generation

Die Formierung eines neuen Selbstbewußtseins gelang deshalb so gut, weil es eine demographische Massenbasis gab, aus der sich große Gruppen rekrutieren ließen, die als Marktsegmente interessant wurden, selbst wenn sie prozentual geringer waren, als es schien. Gemeint waren zunächst die 70 Millionen Amerikaner, die zwischen 1946 und 1965 geboren wurden, im Optimismus der ersten Nachkriegsjahre, in der Ära der Verheißungen der goldenen Fünfziger und in der demokratischen Aufbruchstimmung der frühen Kennedy-Johnson-Regierungszeit. Mit kurzen Zeitverschiebungen zeigten sich ähnliche Tendenzen in Europa. Der amerikanische *Babyboom*, aus dem sich später die weltweit prägenden Tendenzen entwickelten, setzte ein, als die GIs 1945 glorreich aus dem heiligen Krieg, dem *Good war*, in Europa zurückkehrten und an den Quais von Norfolk, New York und Boston enthusiastisch von den wartenden Frauen und

Verlobten und Freundinnen begrüßt wurden. Die Depression war vorüber. Eine Epoche beispielloser Mittelstandsprosperität setzte ein, flankiert von allerlei regierungsamtlichen Maßnahmen, die den Erwerb des bürgerlichen Standardpaketes in der saturierten Behaglichkeit von Suburbia erleichterten. Energiekosten waren kein Thema. Eine Gallone Treibstoff gab es für 25 Cents. Die Veteranen des Zweiten Weltkrieges wurden mit zinslosen oder billigsten Darlehen bedacht, mit denen sie Häuser bauen konnten. Eisenhower erließ den *Highway Act*, eine Art New Deal für den Straßenbau, auf daß sich die Gesellschaft automobilisiere.

Das Idyll hielt sich bis zur Mitte der sechziger Jahre. Die Kataloge von Sears und Roebuck beflügelten die mittelständischen Phantasien, Gameshows zeigten die Konsumwelt und demonstrierten ihre Verfügbarkeit, wenn nur ein wenig Glück waltete. Fernsehserien wie «Leave it to Beaver» und «I love Lucy» legitimierten die Durchschnittsphantasien, die demographisch von Georg Gallup und Elmo Roper als Ausdruck des *American way of life* verfestigt wurden. Doch dann drängten ambitionierte Reporter bedrückende Bilder aus Vietnam auf die Fernsehschirme.

Gleichzeitig eskalierten die Rassenunruhen. Die Bürgerrechtsbewegung mobilisierte die Studenten der zweiten Generation, die Töchter (immer mehr Töchter) und die Söhne der GIs. Lyndon B. Johnson trat am 31. März 1968 von einer neuerlichen Kandidatur um das Amt des amerikanischen Präsidenten zurück, resigniert, nachdem er mit einer historisch einmalig großen Zahl von Stimmen 1964 als Hoffnungsträger einer neuen Epoche gewählt worden war. *Middle America*, wohlsituiert in gleichförmigen Bungalows der Vorstädte, verlor seine unwissende Unschuld. Der Krieg in Südostasien begann auf die Wirtschaft zu drücken, der Optimismus brach sich an der neuen Realität. Das Fernsehen sendete weiter; Bilder von Unruhen, marschierenden Studenten, Prügeleien mit der Polizei im

Grant Park in Chicago. Der *Babyboom* verebbte rasch, das heißt, die Geburtenrate sank; die ersten *Boomer* wurden Twens.

Sie stürmten den Arbeitsmarkt, im Kopf die Verheißung der goldenen Fünfziger, vermischt mit den Vorstellungen der gesellschaftspolitischen Liberalisierung und der Emanzipation der Frauen: In wenigen Jahren suchten dreißig Millionen junge Amerikaner ihre Position in einem System, dessen obere Etagen noch lange von den Vätern besetzt sein würden. Zwar zeigten sich zu Beginn der zweiten Amtszeit Richard Nixons Aufschwungtendenzen, was auch damit zusammenhing, daß der Krieg in Vietnam beendet wurde. Doch die klassischen Karrierewege waren verstopft. Eine Generation mußte reagieren.

Sie reagierte auf verschiedene Weisen, durch eine demographische Korrektur zum Beispiel: Weil immer mehr junge Frauen in gehobene Berufe drängten, verzichteten sie mit ihren Partnern auf frühe Familiengründungen. Sie reagierte durch die schnelle Adaption neuer Technologien und okkupierte die High-Tech- und Computer-Märkte, erweiterte sich in andere *Small scale industries*, vor allem im Dienstleistungsbereich (Innenarchitektur, Boutiquen, Restaurants, Werbung(!)), und dehnte das Interesse dann auf den Sektor der Börsenspekulationen aus.

All das fiel dieser Generation leichter als den Eltern, für die ambitionierte Raumfahrtprogramme und Himmel voller Satelliten, tragbare Computer und Technologiezentren noch (je nach Schicht) Erfindungen aus den Welten von H. G. Wells oder Perry Rhodan waren. Mit dieser Okkupation neuer Märkte und mit der demographischen Korrektur, die ein öffentliches, urbanes Leben erlaubten, gaben sich die *Babyboomer* in ihren publizistisch interessantesten Fraktionen als Protagonisten eines neuen Zeitgeistes zu erkennen. Es ist nicht allzu weit hergeholt, wenn Diagnostiker dieser Zeit vermuten, daß der Sturmlauf an die Spitze erhebliche psychische und körperliche Kräfte erforderte – Grundlage für die florierende Fitneß-Industrie.

Traditionelle Firmen reagierten, vor allem im Elektronikbereich und bei den Banken: Pac Tel, Honeywell und Citicorps etablierten reaktionsschnell als erste Großunternehmen sekundäre Karrierelinien, *Dual ladder systems*, um die innovativen Kräfte der *Boomer* nicht in Konkurrenzen ausarten zu lassen. Die Gruppe, die Alice Kahn mit ihrer Werbeethnologie wenig später entdeckte, formierte sich auf der Grundlage einer Mangelsituation und veränderte den Charakter der urbanen Kultur, allerdings, ohne daß am Anfang dieses Trends viel Aufhebens darum gemacht wurde.

Katerstimmung und
die Suche nach neuen Werten

Nun ist die erste Generation der *Babyboomer* zwischen vierzig und fünfzig Jahre alt. Auch die ambitioniertesten Versuche, das hohlwangige Sportlerimage eines Triathleten zu konservieren, sind immer häufiger von der Einsicht gestört, daß die Haare ausfallen und die Zähne länger werden, daß der Atem in den Squash- und Tennis-Courts immer früher versiegt und daß die begehrten Güter des ostentativen Konsums ihren Weg in die breiten Schichten der Durchschnittsverbraucher gefunden haben. Die Insignien der Zugehörigkeit zu einer städtischen Konsumelite werden zusehends zu einem Ärgernis, zu Ornamenten der Masse. «Ich werde kein Produkt mehr kaufen, für das Typen mit einer hornummäntelten Brille werben», meinte schon im Frühsommer 1985 eine der Gewährspersonen in Maureen Dowds «New York Times»-Bericht. Und immer deutlicher wird die Frage nach der Zukunft, nach dem Sinn des karrieristischen Sturmlaufs. Der einzige Weg, der aus dieser Irritation herausfühle, schrieb Douglas LaBier, ein renommierter Psychiater und Mitarbeiter am «Project on Technology, Work and Character» in Washington, sei die Suche nach neuen Werten, nach Werten, die sich nicht um Macht und Geld, nicht um Konsum und

Glamour drehen. Es reicht offensichtlich nicht mehr aus, Bob Geldofs «Live Aid»-Album dekorativ vor den Hi-Fi-Türmen von Bang & Olufsen zu plazieren.

Das führende amerikanische Lifestyle-Magazin «New York» entdeckte die alten Tugenden der privat initiierten Charity bei ihrer Klientel und summierte die Bilanz der guten Taten in einer Sonderausgabe mit dem Titelthema «Doing Good». Investmentfirmen wie Bear Stearns begannen schon Ende der achtziger Jahre damit, ihren Managern einen Teil des Gehalts für soziale Zwecke zu pfänden. Die Restaurantkette Burger King (ein typisches *Young-urban-professional*-Venture) wetteifert mit McDonalds um den ersten Platz in den Charts der Spenderkultur für privatwirtschaftliche Wohlfahrtsprogramme. Aufgeschlossenheit für Kultur ermöglicht die Renaissance des Mäzenatentums, das sich von der herkömmlichen Praxis allerdings löste, um mit der Freigiebigkeit gleich auch profitable Umwegrentabilitäten zu verknüpfen.

In diesem Bereich sind die ehemaligen *Yuppies* Publikum und Innovatoren gleichzeitig. Und schließlich muß die Kernfrage jeder Generation beantwortet werden – die Frage nach einer Familie. Die demographische Korrektur, die in den sechziger und siebziger Jahren zugunsten einer oft partnerschaftlich betriebenen Karriere vollzogen wurde, forderte nun eine letzte Entscheidung. Und immer mehr Mitglieder der *Babyboom*-Generation entscheiden sich für Kinder. Der konsumorientierten Ästhetik folgend, die die Hochglanzzeitschriften lange Zeit um den Lebensstil der jungen Trendsetter inszeniert haben, finden diese Familiengründungen allerdings nicht in aller Stille als private Ereignisse statt, nach denen man sich betulich ins Reihenhaus zurückzieht. Sie sind Synthesen des Lebensstils, den diese Fraktion der geburtenstarken Jahrgänge mit starker Flankierung durch die Publizistik über zwei Jahrzehnte pflegte, und des künftigen Lebensstils einer öffentlichen Privatheit: Die *neuen Familien* stehen im Trend und finden ihre Ausdrucksform, wie das folgende

Kapitel dokumentiert, bereits wieder in den Medien. Sehr bald prägte die kürzelverliebte Marketing-Journaille das neue Sammelwort: *Diks – double income, one kid*. Der «New York Times»-Kolumnist Arthur Hoppe umspielte mit einer weiteren Wortschöpfung das neue Bewußtsein für Kultur und Ethik und die Fragen nach dem Lebenssinn – und nannte die grau gewordenen *Yuppies* nun *Grumps*: *Grown up mature people*.

KAPITEL 8

Neue Eltern: Der Babyboom
der Babyboomer?

Modellschwangerschaften

Ein beträchtlicher publizistischer Wirbel entstand, als im August
1991 auf dem Cover von «Vanity Fair» in der mittlerweile kon-
ventionellen Ästhetik der Lifestyle- und Advertising-Fotografie
die hochschwangere Demi Moore sich nackt abbilden ließ. Man
kann diese Art der Aufmerksamkeitserregung als Reklamegag
abtun, als weiteren Schritt einer Strategie zur Sicherung der Un-
terscheidbarkeit. Aber das Bild beinhaltet auch ein Statement
zur Zeit, denn mit Beginn des neuen Jahrzehnts brachen einige
Dämme der Konvention, unter anderem die Grenzen der Darstellung von Intimitäten. Andere Zeitschriften zogen, immer mit
dem Verweis auf die Pioniertat des amerikanischen Hochglanz-
blattes, nach, zum Beispiel «marie claire» im Dezember 1991.
Als «rundum glücklich» wurde «Topmodel» Yasmin Le Bon in
ihrer Simmungslage charakterisiert: schwanger, zwar verhalten
in schwarzweiß und bekleidet, aber immerhin: schwanger. Im
Heft fand man die Reportage dazu. Die dritte (anonyme) hochschwangere Frau trat 1992 in einer Werbung für Ikea-Möbel
auf, diesmal wieder unbekleidet. Und man hatte schon eigentlich
nicht mehr das Gefühl, hier geschehe etwas Revolutionäres,
etwas, das die Grenzen verschiebe, gar Geschmackloses oder
werbetechnisch kalt Kalkuliertes.

Vermutlich hatte auch das Neugeborene vom Benetton-Pla-
kat, das in der Zwischenzeit eine weitere Variation zum Thema
lieferte, zunächst die Normen gesprengt und dann die Diskussion erschöpft. Die schwangeren Frauen auf Covers und in An-

zeigen für Computer und Versicherungen, technische Geräte von Siemens und Möbel sowie Janice Dickinson im Mai 1994 auf dem Cover von «Max» wurden als Debütantinnen einer neuen Ära der öffentlichen Deklaration von Intimität so normal wie zuvor die seltsamerweise immer häufiger auftauchenden jungen, alerten, yuppiemäßig gestylten Väter mit Kindern.

Die Geschichte des ersterbenden Zeitgeists der *Yuppie-Ära* ist im vorangehenden Kapitel skizziert worden. Einige Leitmotive der konsumorientierten Modernität konnten sich allerdings erhalten: Fitneß, Erfolg, Hedonismus, Kumulation von Marken, widersprüchliche Werthaltungen und ein Bewußtsein, das eine neue Väterrolle erlaubte, ganz anders als die der Elterngenerationen, für die die selbstverständlichen Beigaben eines fünfunddreißig oder vierzig Jahre gelebten Lebens Halbglatze, Bauch, Zigarre und Ruhe vor dem Fernseher waren, schläfrig ins Doppelkinn gesunken, mit der verrutschten Lesebrille auf der Nase ins Nirwana abgedriftet, bis die Sportschau die letzten Aktivitätsreserven weckte. Die ungezügelte Erfolgslust des neuen Typus kennzeichnete weiter die werblichen und redaktionellen Konzepte in Zeitungen, Zeitschriften und Fernsehen und veränderte auch das Bild der Familie.

Die publizistische Versöhnung von Loft und Eigenheim

Doch das neue Bild der Familie, das einen Trend anzudeuten scheint, repräsentiert nicht die Normalität des durchschnittlichen Alltags der Gesellschaft. Hält man nämlich unromantisch die Statistik gegen die Film-, Fernseh- und Anzeigenbilder, dann bleibt auch in den neunziger Jahren die mittelständische, leicht aufstiegsorientierte Kernfamilie aus Vater, Mutter und zwei Kindern (wenn auch mit sinkender statistischer Bedeutung) dominierend – die «Normalität» also. Und Normalität ist und bleibt der Zwang zum steten Kompromiß auf dem Gebiet der Konsumgüter, ist die Welt des Reihenhauses, bestimmt von den vorstrukturierten Ensembles aus Dreier- und Zweiersofas und frei konvertierbarem einzelnen Sessel, von der Eßecke neben der Durchreiche zur Küche und den zwei neuneinhalb Quadratmeter großen Kinderzimmern.

In der Werbung der Lifestyle-Magazine dominieren weiterhin die anderen, die *Professionals*, die in ausgebauten Dachböden und in adaptierten Lofts wohnen. Sie sind Designer, PR-Fachleute, Kreative, Rechtsanwälte. Ihre Welt ist die der Mobilität, der goutierlichen Hektik. Sie haben sich entschieden, allein oder zu zweit zu leben und das frei verfügbare Einkommen nicht – in dieser Reihenfolge – in Windeln und Babykleidung und Schulhefte und Ausbildungsversicherungen und Jugendzimmermöbel und Skateboards und Gruppenreisen in den Urlaubs-Club zu investieren.

Sie ergehen sich in egozentrischer Konzentration auf das Wohlleben und seine für die Werbung höchst interessante, öffentliche Deklaration. Diese Loft-Klientel eignet sich deshalb hervorragend zur Stilisierung der werbeorientierten Welt der Hochglanzmagazine und ihrer Initiatoren und modellhaften Repräsentanten, weil sie auch die verdrängten Wünsche der anderen Sphäre des Lebens realisiert, der anderen Fraktion der Gleichaltrigen, die mit 22 und 23 Jahren geheiratet und gleich zwei Kinder bekommen haben. Die ist publizistisch nicht so interessant. Sie ist gewissermaßen das lebende Bild der diffamierten Waschmittelwerbung. Allerdings ist diese Waschmittelwerbung, so trivial sich ihre Botschaften ausnehmen mögen, sosehr sie auch den ästhetischen Ansprüchen einer selbsternannten Schickeria zuwiderlaufen mögen, schlichtweg genial. Denn sie trifft die Bedürfnisse einer Welt, in der eben dauernd gewaschen werden muß, weil Kinder zu versorgen sind, und Hausarbeit nicht in die hausbesorgerischen Dienstleistungen delegiert werden kann, einfach weil zu wenig Geld da ist.

Doch änderte sich in den Reihen der *Singles* und *Dinks (double income, no kid)* in den letzten Jahren einiges: Da war erst einmal der Schock über die ökologischen Folgekosten des stürmischen Expansionsdrangs. Das führte zum Beispiel zu einer neuen Bewertung von Autos. Bald wurden neben den Cabrios die extremen Compact-Cars modisch, kleine Lancias und Fiats. Interessanterweise dämpfte diese Entwicklung auch in der mittelständischen Familie den Schmerz über den pragmatischen Kompromiß. Der Traum vom Sportwagen konnte fortan mit dem vom familientauglichen Kleinwagen mit großer Heckklappe kombiniert werden. Denn die Selbstbeschränkung der Konsumelite ging nicht ohne die Anreicherung einher: Die Kleinwagen wurden luxuriöser. In der Werbung gaben nun die Ralph-Lauren-gestylten, Fitneßclub-trainierten Loftbewohnerinnen Vorbilder für ihre mütterlichen Geschlechtsgenossinnen ab. Die Stilistik der Werbelinie der Hochpreismagazine prägte nach und nach auch die Ästhetik der klassischen Frauenzeitschriften und ihrer Anzeigen. Die Milieus des Designer-Lofts und des L-förmigen Reihenhauswohnzimmers rückten ein wenig enger zusammen.

Allerdings nicht nur als Anpassung der mittelständischen Familie an die Normvorgaben der Lebensstil-Avantgardisten. Denn die erreichte neben dem ökologischen Kater und dem Börsencrash Ende der achtziger Jahre ein weiterer, ein wahrer Bewußtseins-Schock: Der Abgrund einer drohenden Midlife-crisis tat sich auf. Dieser Schock betraf nicht nur die psychische Situation, nicht nur die Wehmut über die verlorene Zeit der Unsterblichkeit und der ewigen Lifestyle-Jugend. Er war schlimmer – er beinhaltete den Zwang zu einer Entscheidung, es endlich jener mittelständischen Familie nachzutun und Kinder zu haben – oder nicht. Die biologische Grenze war erreicht oder doch zumindest unangenehm nah.

Die Familie in der Modellwelt

Mit dieser demographischen Situation beschäftigte sich auch die Werbeästhetik. Kurze Zeit nachdem die weiblichen Ansprüche auf die Symbole der männlichen Luxusberufe okkupiert waren, kalt eingerichtete Büros und Laptops, Erste-Klasse-Abteile und strenge Kostüme, nicht mehr Sekretärin, sondern Managerin, tauchten Väter mit Kindern in der Werbung auf. Die klassische Rollenzuschreibung wurde ausgedehnt, ohne daß die Traditionen sichtbar blieben.

Bei den Männern bahnte die Werbung sich den umgekehrten Weg und erlaubte ihnen, sich mit Kindern zu umgeben. Es waren zunächst Textilienhersteller, die sich an diese Aufgabe wagten. Die Väter, dem Single-Dasein entwachsen, begleiteten nun ankleidungsfähige Söhne. Zunächst sah das Arrangement so aus, als habe sich der entscheidungsgeschüttelte *Single* oder *Dink* zum Üben einen Neffen ausgeliehen.

Das änderte sich aber Ende der achtziger und Anfang der neunziger Jahre, als Väter ins Bild rückten (weiterhin gymgestählt und unverkennbar *Ex-Yuppies*), die ganz junge kleine Kinder, Babys also, auf dem Arm trugen: Da sitzt der alerte Vater aus unerklärlichen Gründen in Boxershorts auf der Waschmaschine und hat ein Windelkind auf dem Arm; und weiter in einer Anzeige für einen Anrufbeantworter, der dem Vater Zeit für seine Lieblingsbeschäftigung läßt, das Spielen mit dem Kind; schließlich für Creme, wieder ist der Vater unbekleidet, das jauchzende Glück auf dem Schoß; oder für die Finanzdienstleistungen.

Die Norm der späten Geburt im Ambiente der häuslich gewordenen *Yuppies* setzte sich durch und ergänzte die anspruchsvolle Inszenierung der hochklassigen Konsumgüter, der Hi-Fi-Anlagen, der Möbel, Weine, Armbanduhren. Die Schwangerschaft der Mütter wurde zu einem neuen gesellschaftlichen Ereignis, publizistisch bestens begleitet und damit legitimiert, dann von der Werbung neben den Welten des beruflichen Erfolgs inszeniert, schließlich bebildert mit ebenjenen ansehnlichen Fotos schwangerer Frauen, die unverkennbar dem modisch avantgardistischen Lager der Designerwelt und ihrer Lofts entstammten. Ein wenig nahmen sie nun von der Attitüde der mittelständischen Familie an, transportierten selbstbewußt Windel-Kartons in (luxuriösen) Kombis durch die Gegend. Kindersitze in Sportwagen wurden zu einer Selbstverständlichkeit. Die Betrachtung der Anzeige eines Uhrenherstellers aus dem Jahre 1990 wirkt wie eine bildliche Analyse dieses sozialen Wandels: Im trauten Kreis um die Geburtstagstorte des Kleinkindes versammelt sind der Vater, der in anderen Anzeigen die *Significant moments* seines erfolgsgestählten Lebens gefeiert hatte, das Kind und die Mutter, die so aussieht, als sei sie eben am Airport aus der First class einer Airline gestiegen, mit der Familienlimousine nach Hause gefahren und habe ihren Laptop in der Garderobe abgestellt.

Der Laptop. Er ist nicht nur ein Zeichen für die erstarkende Wirtschaftskompetenz der Frauen. Er wird auch zu einem Zeichen flexiblerer Arbeit. In zunehmendem Maße nämlich werden sich die *neuen Mütter* und mit ihnen zwangsläufig oder lustvoll auch die *neuen Väter* die Computertechnik zunutze machen und einen immer größeren Teil ihrer Arbeit daheim, in der Nähe des Kindes absolvieren. Je kreativer ihr Beruf ist, desto besser stehen die Chancen. Und da ein großer Teil der Anwender ebenjenen busineß- und technikorientierten Milieus entstammen, deren Mitglieder in den modernen Dienstleistungsberufen tätig sind, wird sich die Tendenz zum mobilen Arbeiten, zum *Telecommuting*, zur Verflechtung von Arbeitszeit und Freizeit verstärken. Eine Portofoliomanagerin, eine Designerin, eine Innenarchitektin, eine Werbeberaterin und ihre jeweiligen Kollegen, weibliche und männliche Texter, Programmierer, Journalisten, aber auch Sachbearbeiter und Marktforscher, wissenschaftliche Mitarbeiter in Forschungsprojekten – warum sollten sie den starren Normen der früher noch hoch gelobten «Sekundärtugenden» folgen: Pünktlichkeit und Präsenz? Warum sollten sie statt dessen nicht ergebnisorientiert arbeiten und – pünktlich zum vereinbarten Termin – einen Produktentwurf, eine Dienstleistung, eine Zeichnung, ein Portfolio, ein Schriftstück oder was auch immer vorlegen? Es ist ja letzten Endes im Prinzip gleichgültig, ob diese Art von Arbeit morgens, abends, nachts, an einem Stück oder zu verschiedenen Zeitpunkten, im Garten oder auf der Terrasse oder in einem Arbeitseck des Wohnzimmers ausgeführt wird. Damit würde sich bald auch ein Widerspruch auflösen, der die moderne Gesellschaft noch auszeichnet: ihr nach den Sternen greifender Technizismus und die steinzeitliche Anwendung dieser Technik.

Man braucht nur die Invasion der Mobiltelefone, die nun zeitgeistiger *Handies* heißen, zu betrachten. Sie würden den Vielbeschäftigten den Rückzug in Oasen ermöglichen, in denen sie in aller Ruhe arbeiten könnten, um dann von dort die Ergebnisse ihrer Bemühungen ins Hauptquartier zu senden. Statt dessen wird durch diese tragbaren Kommunikationsmittel noch mehr Hektik verbreitet. Das ist nicht der Sinn der Sache – ganz abgesehen davon, daß diese Technik noch nicht wirklich nach den Sternen greift. Das wird erst dann der Fall sein, wenn sich die Satellitentechnologie so popularisiert hat, daß der Werbeberater von der Almhütte aus seine Ratschlüsse mit einem kleinen Gerät an jeden beliebigen Ort der Welt senden kann, ohne dafür sein Honorar aufwenden zu müssen. Heimarbeit, das erinnerte bis vor wenigen Jahren eher an Gerhart Hauptmanns Stück «Die Weber», an Ausbeutung junger Mütter, die auf dubiose Anzeigen hereingefallen waren. Mit der technischen Politur durch den Computer, das Fax, das Modem wurde die Heimarbeit geadelt. Durch den öffentlich interessiert zur Kenntnis genommenen *Babyboom* der *Babyboomer* wurde Heimarbeit zu einem Thema der anspruchsvollen Milieus und emanzipierte sich vom Ruch der hinterwäldlerischen stillen Arbeitsreserve.

Die relativ hoch qualifizierten Doppel-*Singles* mit geplantem Kind durchmischten die Konzepte – und das aufgrund ihrer Attraktivität für Publizistik und Werbung öffentlich. Diese Durchmischung von Lebensformen konzentriert sich nicht im Konzept des *Cocooning*. Sie ist ein Konglomerat aus familiärer Zurückgezogenheit und Karriere, aus Kokon und Öffentlichkeit – kurz: ein selbstbewußter Cocktail verschiedener Modelle, die je nach Laune oder Zeit aktiviert werden. Damit gehen nun Forderungen nach einer Umgestaltung der Arbeitsbedingungen einher. Um die Protagonistinnen dieser Forderungen, die hochqualifizierten Frauen, die mit Mitte Dreißig zu den tatkräftigsten Mitarbeitern eines Unternehmens zählen, nicht zu verlieren, werden parallel also neue Konzepte der Unternehmen gefordert sein. Statistisch ist diese Tendenz noch unbedeutend. Noch erkennt niemand einen Markt für moderne Heimbüros – auch wenn in den USA im letzten Jahr 16 Milliarden Dollar auf diesem Sektor umgesetzt worden sind. Es gibt zwar Pilotprojekte in Deutschland und den Niederlanden mit interessanten Ergebnissen – etwa über gesteigerte Produktivität von *Telecommutern*, wenn es gelingt, ihre Integration ins Unternehmen zu garantieren. Und es gibt eine Reihe von Modellen, Bürostationen in den Wohnvorstädten, die sich mehrere *Telecommuter* teilen.

Ein gesellschaftlicher Umbruch wird sich trotzdem nicht ereignen, auch wenn die Telekommunikation die Trendforscher zu glühenden Utopien ermuntert. Für sie selbst ist das Instrumentarium natürlich bestens geeignet. Und so verkündet Mr. Naisbitt auch immer wieder mit Stolz, daß er im Dörfchen Telluride in den Bergen von Colorado arbeiten kann. In der Alltäglichkeit der normalen Wirtschaft sind es nach einer Studie des Kölner Expertenteams Telecom GmbH 31 Prozent der Unternehmen, in denen Telearbeitsplätze denkbar sind. Neun Prozent der Arbeitsplätze ließen sich umorganisieren. Bis 1998, so die Prognose von Peter Johnston, einem Mitglied der EU-Kommission für Telekommunikation, werden 7,5 Prozent der Erwerbstätigen in Europa Telearbeiter sein. Wir werden es erleben. Je eher sich das moderne Management auf die vierfache Aufgabe, die sich der Unternehmer stellt, einläßt, desto rascher:

- Flexibilisierung der Arbeitszeit,
- Einrichtung technisch gestützter Delegationsnetzwerke,
- kontinuierliche Qualifizierung,
- menschliche und technische Integration der Mitarbeiter ins Unternehmen.

Selbstverständlich müssen entsprechende Infrastrukturen geschaffen werden – Gruppenbüros, Organisationspläne, feste Vereinbarungen über Kernzeiten der Anwesenheit, Datenschutz, Kalkulation der Komplexitätskosten für das Heim-Büro-Netzwerk und die Einbindung der Menschen in die Kommunikationskultur des Unternehmensalltags. Den Branchen- und Bürotratsch wird kein noch so ausgeklügeltes technisches System ersetzen können. Außerdem – *horribile dictu*, aber wahr – wird jeder, der in seinem heimischen Winkel ein Kleinkind betreut, froh sein, hin und wieder ein bißchen Öffentlichkeit zu haben.

Technisch ist das alles offensichtlich kein Problem, wie die Visionäre der Alpbacher Gespräche 1994 mit fasziniertem Blick in die ISDN-Modellwelt von Orlando, Florida, bekundet haben. Aber es wird kein Trend sein, sondern eine weitere Möglichkeit. Denn die «symbolische Ortsbezogenheit» (Treinen) des Büros wird niemals aufgegeben. Die Arbeitswelt bleibt die Welt des Sozialen. Sie bleibt die Welt der Sinnbestimmung, der Flucht aus dem Privaten, die Kulisse des Intimen, Möglichkeit zu Konkurrenz und Kooperation, für Herausforderung und persönliche Innovation. Das Experiment des *Nonterritorial office*, das weltweit immer wieder an der Werbeagentur Chiat / Day beispielhaft vorgeführt wurde, ist offenbar gescheitert. Es war ja überhaupt, wenn man genau hinschaut, das einzige Experiment dieser Art, wenngleich mit bunten Bildern in den modernen und aufgekratzten jungen Medien weltweit so oft verbreitet, daß aus

154

diesem einen Beispiel allein der Eindruck eines Trends entstand. Mit dem Laptop unterm Arm irgendwann im Büro erscheinen, Mantel in den Spind, Gerät einstöpseln, abspielen, wieder herausnehmen und dann zum Kunden? So ganz hat das nicht hingehauen. Heute ist Chiat/Day an eine größere Werbeagentur verkauft. Doch allein die häufige Bebilderung dieser einen Arbeitswelt in Los Angeles machte aus einer belanglosen Randerscheinung ein Thema.

Die Trendforscher, deren Arbeitsplätze ohnehin eher die Podien und Rednerpulte sind, malen die Szenarien dramatisch aus, ohne Berücksichtigung der Tatsache, daß nur ein kleiner Bruchteil der Telearbeitsplätze jemals jenem Bild der kreativ-aufgekratzten *neuen Mutter* entsprechen wird, die in den Anzeigen und Spots der bunten Konsumwelt stets sorgsamst gepflegt herumspringt. Zu leicht gerät aus dem Blick, daß weit über 90 Prozent der Arbeitswelt «normal» sind und bleiben. Wie überhaupt das meiste in unserer Gesellschaft noch normal ist, ob man das nun gut findet oder nicht. Aber das Normale eignet sich allenfalls zu einem abschätzigen Szenebegriff: *Normalo*. Niemand mag dieses Etikett. Besser irgendeines als das. Und sei es drum, daß man sich zu einer *neuen Orientierungslosigkeit* bekennen muß, diesmal einer männlichen, Hauptsache, es läßt sich wichtigtuerisch darüber plaudern.

Schwache Geschlechter

Doch wo ein Trend sich abzeichnet, läßt sich bekanntermaßen auch das Gegenteil behaupten. Und so entdecken die Trendforscher neben der partnerschaftlich organisierten Familie, in der Mann und Frau gleichermaßen weder auf Erfolg noch auf Emotionen verzichten müssen, auch eine neue Variante des Geschlechterkampfes. Nach den Beziehungen stürzt man sich nun also auf die *Singles*, nach der Entdeckung der *starken Frau* –

auch *Power-Frau* genannt – auf den *schwachen Mann*. Die Strategie ist simpel. Fast ist man versucht, von Yin und Yang zu reden, wäre es nicht so trivial. Längst haben alte Bauern- und Kalenderregeln das auch für den westlich-rationalistischen Geist aufbereitet: «Gegensätze ziehen sich an.» Das Bild von der schwachen Frau zog den starken Mann an; nun erfordert das Bild der starken Frau in dialektischer Umkehr den schwachen Mann. Und schon fegen die Zeitgeistler wieder auf den Bühnen herum und propagieren den neuen Softie. Die Idee ist wieder mal aus Amerika importiert (Gütesiegel!) und liegt in Buchform (noch ein Gütesiegel) vor. Ein Autor namens Warren Farrell verbreitete unter dem Titel «Mythos Männermacht» seine These von der Ausbeutung der Männer durch die Frauen. Außerdem seien Männer von der Natur benachteiligt, weil sie nicht zwischen Kindern und Karriere wählen könnten.

Horx greift diesen Impuls dankbar auf und verbreitet in seinen Interviews noch viel düsterere Szenarios. Männer seien in der Defensive, weil Frauen zuviel auf einmal von ihnen erwarteten. «Nach Meinung der Frauen ist das Hauptproblem der Männer nicht mehr ihr Chauvinismus, sondern ihre Infantilität. Die Vertrottelung der Männer ist zum gesellschaftlich akzeptierten Trend geworden.»

Damit dokumentiert Horx erneut, daß es sich bei den Ergebnissen von *Monitoring, Radarsystemen* und *Inhaltsanalysen* um nichts anderes handelt als um das Recycling kultureller Selbstverständlichkeiten, die immer galten, immer gelten werden und auch immer schon ihre Bebilderung fanden. Ungezählte Zoten über den Mann, der nicht kann, schwirren seit – ja, seit wann? –, sagen wir einfach: seit hundert Jahren durch die Dunstschwaden der Stammtische. Ebenso viele Nudelhölzer sind in dümmlichen Cartoons auf Männerschädel gekracht. Gehörnte gab es ebenso wie Betrüger. Und überhaupt war alles immer schon, und das Gegenteil war auch. Es ist eben eine Frage der Geschicklichkeit, etwas vor den Vorhang zu ziehen, im richtigen Augenblick die

Konjunktur zu erkennen und von der Impotenz der Manager oder der Vertrottelung der Männer zu reden. Radarsysteme, Monitore und Scouts registrieren Meldungen über Östrogene im Trinkwasser, schlappe Spermien und fallende Steigungswinkel vorschriftsmäßiger Erektionen, und der Trendforscher kommt flugs – weil es seine Methode ist, Zeitungsmeldungen zu Trends zusammenzukleistern – zur Diagnose einer «abnormen Verweiblichung des Mannes».

Angeblich werden aufgrund dieser Verwüstungen immer mehr Männer schwul. «Vor allem in Städten», sagt Horx, «ist der Trend zur Homosexualität unübersehbar.» Die Statistik schweigt, vornehm, weil es vielleicht nicht so ganz paßt, daß der Anteil der sich offen deklarierenden lesbischen Beziehungen in ebendem Maße steigt, wie der der männlichen Homosexuellen. Am wahrscheinlichsten ist jedoch, daß die Trendprognose hier von einer moralgeschwächten Statistik profitiert, die in der Vergangenheit kaum in der Lage war, die «Dunkelziffer» der Homosexualität zu erfassen, weil die in die Grauzonen des gesellschaftlich Akzeptierten abgedrängt war.

Überhaupt der Sex. Gerken zum Beispiel ist fasziniert vom *Cyber-Sex*: «Der Cyber-Sex ist nichts anderes als eine elektronische Form des Tantra, das ja überwiegend ohne Partner praktiziert wird. Der Partner wird hier nur als Imaginationsquelle genutzt. Genauso ist das auch beim Cyber-Sex. Das Gute an ihm: Die Phantasie wird gefordert. Das kann zu einer Revolution im Schlafzimmer führen.» Es bleibt zu hoffen, daß Gerken weiß, wovon er redet. Denn bislang scheint die Revolution im Schlafzimmer – nach allem, was man so hört – eher darin zu bestehen, daß es Ärger gibt wegen der vielen vorm Computer verbrachten Stunden. Aber auch da ist vom *Cyber-Sex* noch nicht viel zu spüren, ganz einfach, weil es zu wenig Multimedia-Maschinen gibt, die diese Art der Befriedigung vermitteln. Sie sind schlicht zu teuer – und werden noch Jahre bloß Attraktion der Sexmessen sein. Dennoch spricht der Guru schon vom *Zeitalter des Cy-*

ber-Sex, in dem die Partnerschaften von der sogenannten *evolutionären Liebe*, auch *Vertragsliebe* genannt, bestimmt werden. «Zwei Menschen werden dann versuchen, wechselseitig ein Leben herzustellen, welches keiner von ihnen allein geschafft hätte. Das heißt, daß Körper und Sex zu einer drittklassigen Größe werden und nicht wie jetzt einen bestimmenden Faktor darstellen.» Zwischenzeitlich schließt man sich oder seine wesentlichen Teile dann an den Computer an. Das ist pure Science-fiction, die allerdings nicht ganz zu dem paßt, was andere Zukunftsforscher herausfinden.

Damit landet man wieder bei Horx und dem verängstigten Mann, von dem eine nimmersatte Frau ständig Dinge verlangt, die er nicht mehr leisten kann. «Neue Power-Frauen verlangen nach Power-Männern, obwohl sie diese ökonomisch nicht mehr nötig haben. Die weibliche Botschaft an den Mann: Solange du mir das bietest, was ich will, bleibe ich bei dir. Wenn du versagst, verlasse ich dich.»

All das sind wunderbare Themen für Frauenzeitschriften, von denen ohnehin viele erhebliche Absatzprobleme haben. Das hat die neuesten Produkte dieses stark umkämpften Marktes dazu animiert, ganz *trendy* dem *androgynen Konzept* mit starken Frauen und schwachen Männern, oder schwachen Frauen und starken Männern zu folgen und doppelgeschlechtliche redaktionelle Linien zu entwickeln. Die klassischen Magazine indes setzen auf Sensation: Wie verlasse ich ihn? Wie beute ich ihn aus? Wie kann ich ein böses Mädchen werden? Während belanglose Liedchen das Ganze untermalen («Schwein sein!»), deklariert Norbert Bolz, der sich nun auch in die Unternehmensberatung hineinphilosophiert hat, all das zur *Legitimität des Bösen*. Damit wird dann gleich eine neue Moral des *Fin-de-siècle-Macchiavellismus* propagiert. Allmählich wird es ermüdend, immer wieder darauf hinzuweisen, daß diese sogenannten Trends mühselig hochgepuschte Eintagserscheinungen sind, von den Spürhunden des Zeitgeistes geschäftstüchtig den Medien überantwortet.

Konfabulation nennt man solche Märchenerzählungen. Einige Fakten stimmen, manches ist plausible Mutmaßung, das meiste aber ist Einzelfall ohne repräsentativen Wert – was im übrigen auch der Grund dafür sein muß, daß nie, aber auch wirklich nie, die statistische Bandbreite des beschriebenen Problems mitgeliefert wird. Schnell bebildern Werbefotografen diese Welt mit neuen schwachen Männern, die von Kleinkindern angepinkelt und von Frauen geknechtet werden. Das wiederum wird Beleg für die Richtigkeit der These, die Ausgangspunkt ihrer selbstverlorenen Illustration war: eine autistische Welt hinter der Glasscheibe der Medien, zwar in keiner erkennbaren Verbindung zu den Problemen der Mehrheit unserer Bevölkerung, aber hübsch bunt und für einen Sekunden-Small-talk durchaus geeignet.

Um nun aber nicht in die Verlegenheit einer allzu großen Weltfremdheit zu geraten, wird auch hier das Gegenteil gleich mitgeliefert. Horx' Partnerschaftsvision für das nächste Jahrzehnt ist stinknormal: «Der Trend geht eindeutig wieder zur traditionellen Rollenteilung. Frauen werden sich wieder verstärkt dem Haushaltsmanagement und der Kinderaufzucht widmen – und zwar nicht, weil sie von den bösen Männern in diese Rolle gedrängt werden, sondern weil sie das wollen.» Erinnert das nicht ein wenig an die Mutterschaftsliteratur vor zehn Jahren? Wie auch immer: Selbst die Trendforscher nehmen die doch recht stabile Alltagswelt, wie die Statistik sie sieht, zur Kenntnis. Einen Begriff gibt es dafür noch nicht. Aber in der Sprache der *Trend-Scouts* könnte man das «*Normalismus*» nennen. Das klingt besser als *neue Väter* oder *neue Mütter*.

Abstrahlungseffekte auf den Normhaushalt

Die doppelverdienenden Hedonistenpaare, die sich nun aufgrund demographischer Entwicklungen und biologischer Zwänge entschlossen haben, ein wenig bürgerlicher zu werden und eine Familie zu gründen, haben in den vergangenen zehn Jahren die Szene der kinderlosen Lebensgemeinschaften weitgehend definiert. Ihr Milieu war deutlich von der Durchschnittswelt getrennt. Soziologen prägten in ihrer lebenssprühenden Sprache das Wort von der «segmentierten» Gesellschaft, von einem Pluralismus der Lebensstile gleichaltriger und in gleichen sozialen Schichten befindlicher Menschen, die dennoch wenig miteinander gemein haben.

Das ändert sich nun. Und es zeichnen sich weitreichende Konsequenzen für Publizistik, Werbung, Konsum und gesellschaftliches Selbstverständnis ab. Die Entscheidung der *Ex-Yuppies*, häuslicher zu werden, fällt zeitlich mit der leicht erweiterten Möglichkeit einer relativ breiten Schicht mittelständischer Milieus zusammen, weniger häuslich zu werden und nun an den Dingen teilzuhaben, die die einschlägigen Zeitschriften der mittleren Kategorie in den Vorbildern des Hochpreissektors entdeckt und gewissermaßen nach unten transportiert haben. *Rabaissement* nennen das die französischen Soziologen.

Die beiden Fraktionen einer Generation wachsen zusammen: Die ehemalige Kernfamilie traditionellen Zuschnitts kann die Lebenszweifel an der Entscheidung, früh Kinder zu haben und dadurch auf Konsum verzichten zu müssen, nun relativieren. Die neidvolle Betrachtung der konsumorientierten Haltung der Gleichaltrigen beim dauerhaften «publizistischen Klassentreffen» weicht der Einsicht, daß sie eine durchaus akzeptable Variante des Wertepluralismus gewählt haben.

Die ehemaligen *Yuppies, Dinks* oder *Singles* oder wie immer sie sich genannt haben mögen, verbürgerlichen hingegen – allerdings mit dem beharrlichen Anspruch auf die Fortführung gewohnter Lebensmuster. Natürlich spielt sich das Leben nun häufiger daheim ab als früher – man mag es *Cocooning* nennen. Doch rückt diese Tendenz hauptsächlich deshalb ins Gesichtsfeld der Trendinterpreten, weil nun eine publizistisch hoch interessante Gruppe sich so verhält, wie es zuvor die Durchschnittsbürger auch schon getan haben. Dieser kleine statistische Dreh, der ein ohnehin verbreitetes Verhalten ins öffentliche Interesse rückt, diese «Sensationalisierung» des Normalen, ist die Strategie der Trendforscher. Denn im Licht der nun öffentlich deklarierten Verhaltensweisen verhalten sich auch die, die bislang nicht wußten, daß sie im Trend lagen, trendgerecht.

Immer mehr widmen sich nun die Zeitschriften der Doppelrolle von *neuen Vätern* und *neuen Müttern*. Sie widmen sich ausgiebig der medizinischen Unbedenklichkeit relativ «später» Geburten. Die Kreativen der Werbeagenturen bebildern all diese redaktionellen Nachvollzüge der neuen Lebenssituationen. Da erscheinen Männer und Frauen dann in schöner Gleichberechtigung – und keineswegs im Geschlechterkrieg, den die Trendbüros ihnen angedichtet haben. Das geschieht nicht ohne Eigennutz. Denn die Zahl der Betroffenen ist groß, und man möchte bewußt oder unbewußt das Erfolgsmodell des *Yuppie* wiederholen. So richtet man sich auf die neuen Grundbedürfnisse der Speerspitze der geburtenstarken Jahrgänge ein: auf die differenziertere Welt aus Konsum und Häuslichkeit, Erotik und Familie, jugendlicher Experimentierlust und Sicherheit, denn auch für ehemalige Yuppies und Zeitgeist-Protagonisten ist der Horizont sichtbar, hinter dem das Alter beginnt.

KAPITEL 9

Grenzüberschreitung:
Die Entdeckung des Alters

Die trendgerechten neuen Alten

Bei der Suche nach neuen Zielgruppen stoßen die Pfadfinder der Konsumgesellschaft nun also auf das Alter. Der Slogan, mit dem diese Entdeckung der Öffentlichkeit kundgetan wird, könnte aus der alten Spruchweisheit abgeleitet sein, daß man so alt sei, wie man sich fühle: «Die neuen Alten sind ganz anders als die alten Alten.» Interessanterweise bestätigt sich die alte Einsicht gerade in einer Zeit, in der man mit höchst raffinierten Studien den Befindlichkeiten der modernen Gesellschaft auf der Spur ist. Da wird manches Vorurteil entlarvt, wenn auch in erster Linie aus der vordergründigen Erwägung, neue Absatzmärkte zu öffnen und den potentiellen Kunden ein Lebensgefühl zu vermitteln, das sie dann durch maßgeschneiderte Produkte auch ausdrücken können. Die *neuen Alten* – in kluger Voraussicht haben die Trendforscher der Marketingabteilungen die Altersgrenze für die Mitgliedschaft in diesem soziodemographischen Club weit herabgesetzt: auf fünfzig Jahre.

Das Muster dieser Argumentation erinnert deutlich an die Kreationen der *Yuppies* und der *neuen Familien*: Ein allgemeines Bedürfnis nach Konsum, Freizeit, Reisen, Gesundheit, Vitalität, Wohnen, öffentlichem Leben und Selbstdarstellung durch Konsum wird auf eine demographische Gruppe konzentriert. Damit entsteht eine Art publizistisch angeleiteter Identifikation – wie im Kino, wo man in den Aktionen des Stars plötzlich sieht, wie man gern sein möchte. Doch ob das mit den *neuen Alten* gelingt, ist fraglich. Denn nach wie vor ist «Alter» in unserer

Gesellschaft ein negativ besetzter Begriff – es sei denn, Antiquitäten, Weine oder Schnäpse sind gemeint. Also versuchen sich die Marktforscher an einer neuen Typologie, die – deutlicher als bei den *Yuppies* – allerdings auf die Identifikation durch Konkurrenz setzt. Man hat gelernt. Zu groß war die Gruppe derer, die nur *Part-time-Yuppies* spielten und sehr bald abfielen. Und zu groß ist auch die Gruppe derer, die nicht dem Bild des neuen jugendlichen, dynamischen Alters entspricht. Also werden die *neuen Alten* gegen die *grauen alten Alten* abgesetzt und mit lockenden Prozentwerten den Marketingmanagern als neue Zielgruppen übereignet:

• Genügsame (14 Prozent),
• Resignative (12 Prozent),
• Pensionisten (15 Prozent),
• Familiäre (18 Prozent),
• Agile (14 Prozent),
• Vereinsamte (15 Prozent),
• Aktive (13 Prozent).

Andere Interessenten an der neuen Konsumgruppe steuerten den Begriff der *Komfortkonsumenten* bei. In weiterer Differenzierung bevölkern die *vitalen Genießer*, die *Altersflüchtlinge*, die *zufriedenen Genügsamen*, die *klassischen Pensionisten* und eine Reihe anderer das Sprachfeld dieses neuen Zielgruppenspiels. So formuliert zum Beispiel die deutsche Agentur Konpress in einer Anzeige im Branchenmagazin «Werben & Verkaufen»: «Natürlich haben Marketingstrategen längst begriffen, wo der erfolgversprechende Konsument zu finden ist. Sie wissen auch, wer z. B. Experte in Gastlichkeit und Gästebewertung ist. Deshalb haben die Profis schon seit langem die Jung-Senioren zwischen 50 und 69 Jahren im Visier. Und das zu Recht!» In der mittlerweile sehr beliebten Praxis der Etikettierung von Zielgruppen mit Hilfe anglizistischer Kürzel hat man dieser Gruppe eine Reihe von schwungvollen Namen gewidmet: *Woopies (well*

off older people); Selpies (second life people); Silver age. Kluge
Voraussicht. Denn es werden mit dem Alterungsprozeß der geburtenstarken Jahrgänge mehr. Sie werden «nicht nur in Politik
und Wirtschaft, sondern auch im Konsumbereich entscheidend
sein», heißt es in der Vorbemerkung einer Sonderstudie der
Bayerischen Rundfunkwerbung GmbH (BRW) mit dem etwas
holprigen Titel: «Die ‹Ab-50jährigen›».

So gilt es also, eine doppelte Strategie zu entwickeln: Einerseits können die heutigen Alten bereits in die Vorbereitungszeit
für die Phase des Alterns der geburtenstarken Jahrgänge mit
verheißungsvoller Konsumbiographie einbezogen werden, zum
anderen lassen sich dabei Abstrahlungseffekte ausnutzen, die
noch von der Yuppie-Generation ausgehen. Schon heute erwei-
sen sich, so die BRW-Studie, zwei Drittel der Menschen ab 50 in
ihrer alltäglichen Lebensgestaltung als *junge Alte.* Mehr noch:
Diese sogenannten *jungen Alten* scheinen «beweglicher, aktiver
und informationsinteressierter als die unter 50jährigen. In ganz
besonderem Maße gilt dies für Verbraucherinformationen und
damit für entsprechende Werbebotschaften. Und auch die Bereitschaft zum Markenwechsel ist bei den ‹jungen Alten› nicht
sehr viel geringer als bei den unter 50jährigen.»

Markttechnische Grenzverschiebungen

Das bedeutet, daß die für die Werbeplanung immer noch gel-
tende mythische Grenze des 50. Geburtstags irrelevant ist. «Das
bei den Agenturen und Werbetreibenden vorherrschende Bild
der ‹Ab-50jährigen›», so wieder die bayerische Studie, «ist drin-
gend korrekturbedürftig, denn nur knapp jeder fünfte dieser
Generation entspricht den in der Werbung verbreiteten Kli-
scheevorstellungen.» Diese Einsicht ergibt sich laut Studie in
signifikanter Weise aus einer Gegenüberstellung der Selbstein-
schätzung von Menschen ab 50, die sich in einer Tagebucherhe-

bung äußerten, und der Einschätzung von Agenturen und Werbetreibenden.

Das interessanteste Ergebnis war auch für den deutschen Markt eine klare Unterscheidung zwischen den *jungen* und den *alten Alten*. Intern zeichneten sich Trennlinien zwischen drei Typen *junger* und zwei Typen *alter Alter* ab:

- Der Typus des *selbstbewußten, kritischen jungen Alten*. Er steht für 23 Prozent der Befragten. Die Eigenschaften dieses Typus sind ein breites Interessenspektrum, Selbstbewußtsein, Qualitätsorientierung, Reichtum an Plänen und Ideen sowie starkes Interesse an gut gemachter Werbung. Er ist eher markentreu, dennoch aufgrund der Interessenvielfalt werblich gut ansprechbar.

- Typus des *aufgeschlossenen, interessierten jungen Alten*. Dieser Typus repräsentiert 21 Prozent der älteren Bevölkerung. Seine Eigenschaften: starkes Informationsinteresse, auch als Verbraucher aufgeschlossen und unternehmungslustig. Er ist tendentiell markentreu, hat dennoch eine hohe Affinität zur Werbung.

- Der Typus des *aktiven, flexiblen jungen Alten*, der für 22 Prozent der von der Untersuchung repräsentierten Bevölkerung steht. Er zeichnet sich durch überdurchschnittliches Informationsinteresse in fast allen Bereichen aus, hat eine deutlich positive, sehr tolerante Einstellung zur Hörfunkwerbung und ist ein probierfreudiger Markenwechsler.

Mit diesen drei Typen sind die erwähnten zwei Drittel der Generation ab 50 charakterisiert, die in der Untersuchung der Bayerischen Werbetochter als *junge Alte* bezeichnet werden. Die *alten Alten* sind repräsentiert durch

- den Typus des *passiven, grauen Alten*, der 19 Prozent, und
- den Typus des *abgeklärten, zufriedenen Alten*, der 15 Prozent der Bevölkerung ab 50 repräsentiert.

Die Darstellung dieser nach Interessenstrukturen und Verhaltensmustern beschriebenen Typen beinhaltet laut BRW «einige Überraschungen». Sie gilt zunächst einmal für alle Altersgruppen ab fünfzig in gleicher Weise. So ist das Durchschnittsalter für den ersten Typus 61, für den zweiten 64 und den dritten 61 Jahre. Für Typus vier und fünf beträgt das Durchschnittsalter jeweils knapp 64 Jahre. Die Überprüfung der formalen Bildung bietet keinen Anhaltspunkt für die Erklärung der Unterschiede zwischen *jungen* und *alten Alten*. Lediglich bei Typus vier dominieren Angehörige der unteren Bildungsschichten. Interessanterweise ist bei den *alten Alten* ein leichter Überhang der Männer zu vermerken.

Die Studie weist noch auf weitere «Überraschungen» hin – zum Beispiel beim Vergleich der *jungen Alten* mit den *alten Alten* und der Generation der 14- bis 49jährigen. Die drei Gruppen der *jungen Alten* sind den Zielgruppen der unter 50jährigen deutlich ähnlicher als ihren Altersgenossen vom Typus der *alten Alten*. Das gilt für die beschriebenen aktiven wie auch für eine Reihe sogenannter passiver Variablen, in denen Einstellungen zum Leben erfragt wurden, ebenso wie für konsumorientierte Interessenbereiche.

Das Fazit dieser Studie ist eine Bestätigung der seit geraumer Zeit in der Werbebranche diskutierten künftigen Haltung zum *neuen Alter* sowie gleichzeitig eine wichtige Bereicherung der Kenntnisse über diese Zielgruppe, die auf ihren Einsatz wartet. Vor allem aber zeigt sich, daß das Bild, das Werbeagenturen und Mediaplaner von Alten haben, korrigiert werden muß, und das könnte sich schließlich auch auf die Programmplanung der Fernsehanstalten und die redaktionellen Inhalte der Zeitungen und Zeitschriften auswirken, die heute noch erklärtermaßen die älteren Menschen aus kommerziellen Erwägungen aussparen.

Deutlich erklärte zum Beispiel der Manager des Privatfernsehkanals RTL, Helmut Thoma, daß die Programmstrategie seines Angebotes auf die Bedürfnisse älterer Menschen keine Rücksicht nehmen könne. Im Sample der Studie «Dialoge 2» aus der Marktforschungsabteilung des Verlags Gruner + Jahr, einer ansonsten ambitionierten Arbeit über die Bedeutung des Wertewandels für das Marketing, lag die Obergrenze für die Auswahl der mehr als 6000 Befragten noch bei 64 Jahren, also ein Jahr vor dem üblichen Pensionsalter. Mit diesen Vorurteilen räumt die bayerische Studie auf: «Die jungen Alten stehen im Hinblick auf Engagement, Aufgeschlossenheit sowie Informations- und Produktinteresse den unter 50jährigen keinesfalls nach. In vielen Bereichen sind sie sogar die gewichtigeren Ansprechpartner.» Auch die Forscher von Gruner + Jahr haben mittlerweile reagiert und das Zutrittsalter für die neuesten Wellen einer der besten statistischen Trenduntersuchungen der Bundesrepublik deutlich heraufgesetzt.

Die «Aufwertung» der *neuen Alten* ist plausibel. Ein großer Teil dieser Gruppe ist beruflich etabliert, die Kinder sind aus dem Haus, und damit ist im Wortsinne neuer Raum entstanden sowie eine neue Beweglichkeit. Zusätzlich fundiert eine angemessene Lebenserfahrung die Handlungsorientierung, und damit ist eine lustvoll-bewußte Differenzierung der Nutzung von Angeboten möglich – vorausgesetzt, die materielle Situation erlaubt es, daß ein differenzierter Konsum als Ausdrucksaktivität des neuen Altenstatus gepflegt werden kann.

Zielgruppenkonstruktion durch vorauseilende Marktforschung

Die Werbung stellt sich auf die *neuen Alten* ein – nicht nur in dieser Studie, sondern in einer größeren Sensibilität gegenüber einer modernen Ausprägung des Alters. Es steht zu erwarten, daß dieser Typus bald ebenso vorbildhaft und *trendgemäß* in Anzeigen und Fernsehspots inszeniert wird wie heute die Typologie gymnastikgestählter Männer und Frauen. Daß in den Marketingstudien dabei die Altersgrenze weit vor dem Pensionsalter plaziert wird, ist strategisches Kalkül. Bewußt wird damit ignoriert, was bislang als wesentliches Definitionsmerkmal des Alters galt: die Pensionierung.

Man versucht, einen gleitenden Übergang zu schaffen, der sich auch durch die stete öffentliche Betonung mittelfristig als selbstverständlich etablieren soll. Das heißt, daß die einschlägigen Markt-Forschungen auch die interessierten Medien dazu motivieren werden, sich thematisch auf die *neuen Alten* einzustellen, um mit einer neuen redaktionellen Strategie das Selbstbewußtsein dieser Großzielgruppe zu fördern sowie mit Hilfe der publizistischen Auseinandersetzungen mit heute noch latenten Veränderungen ein neues Bewußtsein zu etablieren. Mit anderen Worten: Die Publikation überraschender statistischer Daten soll wieder einmal zu einschlägigen Abstrahlungseffekten führen – zu einem Trend. Vor allem wird versucht die Gruppe der geburtenstarken Jahrgänge rechtzeitig auf die neue, revolutionäre Ideologie einzuschwören, weil man erwarten kann, daß sie sich aufgrund ihrer Konsumerfahrungen auch im Alter anders verhalten wird als der Durchschnitt heute – weniger bescheiden, weniger auf die nachfolgenden Generationen konzentriert, eher hedonistisch und lebensbejahend.

Das synchronisierte Interesse von Werbung, Medien und Konsumgüterindustrie liegt auf der Hand: Die einen produzieren, wofür die anderen in den Medien werben, die sich aufgrund ihrer Zielgruppenaffinität als beste Plattform für diese Werbung darzustellen verstehen.

Wie sich die einzelnen Verlage auf die absehbare Entwicklung einstellen, wird an einer Pioniertat des Burda-Verlags deutlich, dessen Marktforschungsabteilung sich 1990 mit einer Arbeit unter dem Titel «Zenit: Endlich 40» schon das zweite Mal zum Thema «Älterwerden» äußerte. Die Resultate:
• Menschen über 40 und jüngere Menschen haben großes Inter-

esse an aktueller Werbung. Sie fühlen sich berechtigt und befähigt, Kritik zu üben – aber auch Lob zu spenden.

- Ideologische Werbekritik ist nicht mehr zeitgemäß.
- Gute Werbung ist für alle untersuchten Zielgruppen solche, die sich mit Geist und Witz um den Verbraucher merklich bemüht.
- Menschen über 40 sind an den Produkten selbst interessiert, jüngere eher an der Originalität der Darstellung.
- Menschen über 40 nehmen Werbung und die Produkte ernst.
- Für Menschen über 40 muß der Produktbezug deutlich sein. Sofern er das ist, akzeptieren und erwarten sie auch sehr unkonventionelle Werbung.
- Frauen über 40 und jüngere Frauen haben einen ähnlichen Anzeigengeschmack. Männer über 40 und jüngere Männer haben einen unterschiedlichen Anzeigengeschmack.
- Auch Frauen über 40 sehen sich wie die jüngeren Frauen als schon immer öffentlich Umworbene an.
- Männer über 40 geben sich mit indirekter Werbeansprache zufrieden. Ihre Überlegenheitsrolle darf nicht angezweifelt werden.

Schließlich – kein Ergebnis, aber möglicherweise eine Reaktion auf diese und ähnliche Untersuchungen:

Die Menschen über 40 werden ihre eigenen Zeitschriften haben, etwa die im November 1994 probeweise aus der Taufe gehobene deutsche Gazette «Fifty». Das Magazin entstand in Zusammenarbeit der Gruner + Jahr-Tochter K + S und der Colonia Versicherung.

Doch die Auseinandersetzung mit der neuen Konsumwelt der heutigen und künftigen *neuen Alten* wirft noch einmal ein erhellendes Schlaglicht auf die Strategien der Trendkonstrukteure: Sie verdichten gesellschaftliche Beobachtungen zu attraktiven Modellen und deklarieren sie als Verhaltensweisen großer Gruppen. Ihre berechtigte Hoffnung richtet sich auf die Attraktivität dieser Modelle auch für die Publizistik, mit deren Hilfe sich genügend große Abstrahlungseffekte ergeben. Diese Abstrahlungseffekte wiederum bestätigen die Trendprognosen — dies um so mehr, je mehr Zeitschriften und Zeitungen, Anzeigen und Fernsehspots die neue Idee akzeptieren und wiederum attraktiv bebildern.

Versteckte Probleme

Aber nicht alle Leserinnen und Leser schaffen es, dem Trend zu folgen. Ebensowenig wie zur hohen Zeit der Yuppie-Mania, als eine Reihe jüngerer Frauen und Männer von psychischen Problemen ereilt wurde, weil sie trotz Jogging und unausgesetztem Sushi-Konsum nicht aussahen wie die plakativen Vorbilder, werden sich die Altersprobleme auf Dauer von bunten Marketingvorstellungen verdrängen lassen. Vor allem zwei der wesentlichen Probleme der gegenwärtigen und der künftigen Gesellschaft bleiben aus dieser Trendwelt ausgespart: die Verarmung im Alter sowie die Ausgrenzung großer Menschengruppen aus dem Prozeß der gesellschaftlichen Integration durch Konsumteilhabe. Dieses Problem der Zweidrittelgesellschaft des Alters wird durch die Konzentration auf konsumfähige und -bereite Gruppen nicht nur ignoriert, sondern durch eine einseitige neue Definition des Alters nach den Gesichtspunkten hedonistischer Ästhetik verschärft. Die Bedürftigkeit, der Mangel, ja schon der durchschnittliche Alltag wird zum Makel.

Das Schlagwort von der *Segmentierung* der Gesellschaft, das von Marketingstrategen in erster Linie unter dem Gesichtspunkt der Diversifizierung des Konsums formuliert wurde, erhält in diesem Zusammenhang eine tiefe gesellschaftspolitische Bedeutung. Vor allem nämlich bei der Aufteilung der Zielgruppen *neuer* und *alter Alter* offenbart sich die vordergründige Attitüde der kommerziellen Trend-Forschung. Die Bereiche, die sich außerhalb lohnender ökonomischer Horizonte befinden, werden aus der Wahrnehmung ausgeblendet. So entsteht möglicherweise durch die Abstrahlungseffekte der Werbung eine Kluft zwischen verschiedenen Fraktionen der älteren Jahrgänge der Bevölkerung. Damit ist ein Schritt zur Desintegration breiter Bevölkerungsschichten getan, der bestehende Tendenzen der Ignoranz gegenüber Randgruppen verstärkt. Außerdem wird die dauernde Rede von den *neuen Alten*, ob zu Recht oder nicht, auf das Mißfallen derer treffen, die vermeintlich für die Rente dieser Generation zu arbeiten haben. Es ist nicht ausgeschlossen, daß sich ein neuer Generationskonflikt anbahnt, zumal die werbetechnische Herabsetzung der Eintrittsgrenze ins Alter mittlerweile von den Herabsetzungswellen des Arbeitsmarktes überholt worden ist. Heute gilt ein Arbeitnehmer des mittleren Managements, der die 45 überschritten hat, als alt. Jede auch noch so bemühte sozialpolitische Aktion wird das nicht verhindern. Auch die Arbeitssuchenden selbst reagieren in vorauseilendem Gehorsam. In einer vom Autor dieses Buches durchgeführten Statistik der Altersangaben in Stellenanzeigen und Stellengesuchen zeigte sich eine deutliche Tendenz: Das Durchschnittsalter in den Angeboten lag bei etwa 42, das der Arbeitnehmer, die einen Job suchten, bei 35 Jahren. Auf welche *Konkurrenzgeneration* werden die *neuen Alten* treffen? Wie sind die Jugendlichen beschaffen, denen man, um es in ihrer Sprache auszudrücken, heute schon dauernd die Ohren damit volljammert, daß sie dereinst die Rente für zwei Alte aufzubringen haben?

Junge Hedonisten und Egotaktiker

Markenbewußt, konsumorientiert und politikverdrossen – die Jugendlichen und jungen Erwachsenen verspüren nach eigenen Aussagen weniger Lust als ihre Vorgängergenerationen, sich außerhalb der Horizonte ihrer eigenen Interessen zu engagieren. Diese Tendenzen werden sich in naher Zukunft noch verstärken, denn es sind, wie Studien zeigen, vor allem die jüngsten Mitglieder des gesellschaftlichen Segments zwischen 14 und 27 Jahren, die den Äußerlichkeiten große Bedeutung zumessen.

Diese Tendenz zeigt sich am stärksten in der Bedeutung der Kleidung. Dabei geht es nicht mehr nur darum, bestimmte Modetrends mitzumachen, sondern wesentlich stärker auch um eine Differenzierung nach Stilrichtungen als Ausdruck für eine bestimmte Lebenseinstellung. Teure Kleidung ist gerade für Jugendliche zwischen 14 und 17 Jahren zu einem unverzichtbaren Statussymbol avanciert. Wesentliche Merkmale des Stils werden mit den Begriffen der *Individualität* und der *Coolness* charakterisiert, wobei es bedeutsam ist, gepflegt zu erscheinen und identifizierbare Marken zu tragen.

Sehr viel deutlicher als noch vor fünf Jahren stehen Geld, Wohlstand und Luxus an erster Stelle der persönlichen Erwartungen an die Zukunft. Materielle Ziele haben erkennbar mehr Bedeutung als ideelle, die einzigen Ausnahmen, in denen eine Art politisches Engagement überlebt hat, sind Umweltschutz und Ausländerproblematik. Verantwortungs- und Problembewußtsein für Tatbestände und Entwicklungen, die über den Horizont der persönlichen Interessen hinausgehen, sind kaum vorhanden. Zudem versucht man, die materiellen Ziele mit einem Minimum an schlau kalkulierter Leistung zu erreichen. Post-Postmaterialismus, so müßte das heutige Modewort der Zeitgeist-Soziologie lauten, wenn man diese Ergebnisse ernst nimmt.

Die Vorbilder dieser Haltung stammen aus dem reichhaltigen Angebot der Rollen, die die Publizistik täglich in Form wohlgekleideter, lässig-aktiver und gutaussehender Modelle vorführt; aus dem Ensemble der medienvermittelten Rollenvorbilder, die vor allem dann wirken, wenn sie unterhaltsam die Werte der Individualität, der Lässigkeit und der Coolness verbreiten. Heutige Jugendliche sind eine Generation von *Egotaktikern*, wie eine Studie der Werbeagentur Lintas zutage förderte. Sie kennen nur wenige Idole und Autoritäten. Ihr Hang zur Authentizität, zum individuellen, echten Erleben, ist stark. «Die Suche nach dem Sinn wird zur Suche nach Sinnlichkeit», sagt Wolfgang Schäfer, *Strategic Planner* bei Lintas. «Die Jugendlichen wollen weniger etwas erreichen, sei es politische Veränderung oder materielle Sicherheit, als vielmehr etwas erleben – und zwar sich selbst.»

Generation X? – Eine hübsche Medienerfindung, gut für verkaterte Tage.

Grunge? – Längst in die offizielle Mode überführt.

Punk? – Ein Wort aus dem letzten Jahrhundert.

Was zählt, ist saturierte Normalität, gelegentlich unterbrochen durch einen Sonntagvormittag in der Techno-Diskothek.

Zukunftsängste? – Kaum, denn sie, so erzählt man ihnen, sind die Mitglieder der geburtenschwachen Jahrgänge.

Und die Alten? Sie sind für die Jugendlichen die *Uhus*, die *unter Hundertjährigen*, Ewigkeiten von der eigenen Existenz entfernt, Bewohner eines anderen Planeten.

Die neue Unübersichtlichkeit

Milieus, Szenen, Netzwerke

Das ist es, was die Bewohner der modernen Gesellschaft ausmacht: die zunehmende Unlust, sich als Element eines kompli-
zierten Ganzen zu begreifen. Die Trendindustrie hat zu dieser
Segmentierung erheblich beigetragen, obwohl sie möglicherweise nicht einmal einer tiefgreifenden Wirklichkeit entspricht.
Was zählt, ist die medial verwirklichte Oberfläche, die in tau-
send attraktive Facetten zergliedert wird. Und je eindrucksvoller
jede einzelne Facette funkelt, desto bereitwilliger reihen sich
Menschen in die jeweils benutzte Begriffswelt ein. Die Verantwortlichen für das Marketing von Konsum- und Luxusartikeln,
von Dienstleistungen und Medien verstärken diese Segmentierung, weil sie zusehends deutlicher definierte Zielgruppen gewinnen.

Früher, in den fünfziger Jahren, war das alles einfacher. Da
gab es die Oberschicht, die das Modell des erstrebenswerten
Aufstiegs für die Mittelschicht lieferte. Der amerikanische Wagen oder der Mercedes 300, der eigene Bungalow und das Bank-
konto, die Reise nach Italien und das Gymnasium für die Kinder
(dabei primär für den Sohn, das Mädchen würde eine gute Partie
machen) waren die Zielvorgaben, nachdem der Standard des
gutbürgerlichen Konsums erreicht war. Die sogenannten Unter-
schichten hatten einen längeren Weg. Ihre Aufstiegsphantasien
richteten sich mehrheitlich auf die Angestelltenkultur der Mit-
telschichten. Durch ihren gewerkschaftlich stark mitbetriebenen
Aufstieg dorthin verbreitete sich die Mittelschicht zusehends

und etablierte den Massenmarkt der – wie der Soziologe Helmut Schelsky sie nannte – «nivellierten Mittelstandsgesellschaft». In den Lehrbüchern der Sozialkunde löste die «Zwiebel» die «Pyramide» ab. Da waren alle ziemlich gleich, zumal sich mit zunehmender Saturiertheit der Gesellschaft bei wachsender Konkurrenz der Angebote die Warenproduzenten heftige Preisschlachten lieferten, um zusehends verwechselbare Produkte an den Mann oder an die Frau zu bringen. Man erfand den Zusatznutzen eines erweiterten Service, dann den psychischen und schließlich den sozialen Zusatznutzen der Abgrenzung gegen andere sozial Gleichgestellte. Die Medien reproduzierten aus den erwähnten Gründen der zielgruppenorientierten Werbeträgerqualität die jeweils angenehmen Konsumideologien und verhalfen damit zur weiteren Verdichtung des Selbstwertgefühls immer zahlreicherer und immer kleinerer Gruppen.

Das soziale Gefüge aus Ober-, Mittel- und Unterschicht zergliederte sich in diesem Prozeß zunehmenden materiellen Reichtums und wachsender Möglichkeiten, das gleiche Bedürfnis zu befriedigen, in zahlreiche Milieus. Heute sind es in Deutschland acht Lebensbereiche; in Österreich – wegen der größeren Bedeutung der Landbevölkerung – neun:

• das gehobene konservative Milieu,
• das technokratisch-liberale Milieu,
• das hedonistische Milieu,
• das aufstiegsorientierte Milieu,
• die traditionelle Arbeiterschaft,
• das traditionslose Arbeitermilieu,
• das kleinbürgerliche Milieu,
• das alternative Milieu,
• das ländlich-agrarische Milieu (in Österreich).

Sieht man vom – zahlenmäßig weiterhin dominierenden, dennoch aber kaum trendbestimmenden – kleinbürgerlichen Milieu und von der klassischen und traditionslosen Arbeiterschaft ab, durchdringen sich die Milieus gegenseitig durch eine Reihe von wechselseitigen Abstrahlungseffekten. Das hat sich sehr deutlich an der Verbreitung des Hedonismus gezeigt, der aus dem statistisch insignifikanten *Yuppie*-Milieu zu einer gesellschaftlich breit akzeptierten Bewegung avancierte; es hat sich weiter am quantitativ eigentlich unbedeutenden alternativen Milieu gezeigt, dessen Ideen alle anderen Bereiche der Gesellschaft durchdringen konnten. Nimmt man also die typischen Verhaltensweisen der jeweiligen gesellschaftlichen Milieus, konstruiert wechselseitig sich mehrfach durchdringende Verhaltensfelder, addiert politische, altersabhängige, geschlechtsspezifische und regionale Unterschiede, Szenen innerhalb der Milieus, Netzwerke mit nur zeitlich begrenzter Bedeutung – dann ergibt sich ein illustratives Bild dessen, was unter gesellschaftlicher Segmentierung verstanden werden kann.

Jede dieser Konstruktionen könnte den Keim zu einem neuen Trend in sich bergen, beispielsweise:

- das hedonistisch geprägte Landleben der jüngeren Fraktionen des aufstiegsorientierten Milieus mit alternativen Impulsen,
- die technokratisch-liberale Fraktion jüngerer Frauen des aufstiegsorientierten Milieus, durchsetzt mit hedonistischen Ansprüchen,
- aufstiegsorientierte ältere Menschen mit starker hedonistischer Prägung, eben die *neuen Alten*, oder auch
- kleinbürgerliche Attitüden des hedonistischen Milieus, das sich zur neuen Familie bekennt, starke alternative Impulse in den eigenen Alltagsentwurf aufnimmt und sich dabei den ländlich agrarischen Lebensformen nähert,
- hedonistische Orientierung des agrarischen Milieus mit technokratisch-liberalen Haltungen und absatzpolitisch begründeter Nähe zur Stadt.

So entstehen neue, zum Teil nur zeitweise gepflegte Szenen, die wiederum attraktiven Stoff zur Entdeckung eines *Trends* bieten. Alles ist denkbar.

Übergreifende Tendenzen

Daraus die *Anything-goes*-Parole des sogenannten *Postmodernismus* abzuleiten ist sicher publizistisch attraktiv und eignet sich hervorragend für den trendgerechten Partyplausch. Es ist nur schlicht falsch. Denn es handelt sich bei dieser publizistisch gehätschelten Facettierung um ein Gesellschaftsspiel mit Vordergründigkeiten.

Wählt man statt der differenzierenden Perspektive einen anderen Blickwinkel und orientiert sich an tiefer liegenden sozialpolitischen Strömungen, dann zeigen sich eine Reihe von Tendenzen, die alle gesellschaftlichen Bereiche, alle Milieus, Szenen und Netzwerke gleichermaßen betreffen.

Megatrends? Ja: Frauen werden wichtiger, richtig. Die Alten kommen oder gehen oder werden zum Problem oder zu einem neuen Wirtschaftszweig, auch richtig, alles richtig. Nur stecken die Probleme im Detail, vor allem bei der Umsetzung in den wirtschaftlichen Alltag. Um den kümmern sich die Trendforscher wenig. Ihre schillernden Vokabeln tänzeln über die wirklichen Gestaltungsprobleme hinweg. Wenn Gerken von Coca-Cola, Nike-Turnschuhen und anderen Jugendkultur-Symbolen plaudert, blendet er elegant die Probleme von Dreiviertel der deutschen Wirtschaft und dabei vornehmlich die der mittelständischen Industrie aus. Da eifert er kongenial seiner amerikanischen Vortänzerin Faith Popcorn nach. Als pauschale Verheißung wird allenfalls der Wandel zur *Dienstleistungsgesellschaft* prognostiziert, die durch verlängerte Ladenschlußzeiten und Pizzaservices illustriert wird.

Doch ist diese Illustration von einer Oberflächlichkeit, die – zumindest für Unternehmensberater – schon an Verantwortungslosigkeit grenzt. Vor allem wird die Frage nicht beantwortet, woher denn die Wertschöpfung kommt, mit der Dienstleistungen bezahlt werden könnten. Zahlt der Friseur den Kellner, der ihn bedient, mit dem Geld, das er, der Kellner, ihm für den Haarschnitt entrichtet hat? Lebt der rollende Pizza-Servierer vom Werbetexter, der keine Zeit hat, ein Menü in die Mikrowelle zu schieben? Und dieser wiederum vom Agenturhonorar für seine kreativen Explosionen? Wovon lebt denn die Agentur? Von der Werbung für eine Bank? Und die wiederum von den Geldern des Pizza-Service-Dienstleistenden und vom Friseur? Ist die *Dienstleistungsgesellschaft* die volkswirtschaftliche Variante eines *Perpetuum mobile* – die erste Kettenbriefaktion, die in einem geschlossenen System funktioniert?

Eine unsinnige Vorstellung.

«Die Industrie ist und bleibt zentral», sagen führende Wirtschaftsanalytiker, «weil sie nach wie vor den größten Teil der in- und ausländischen Nachfrage befriedigt, weil ihre Produkte und ihre Wettbewerbsfähigkeit mehr als alles andere die wirtschaftliche und gesellschaftliche Dynamik, die Verhaltensweisen, die Umweltqualität und natürlich die Leistungsbilanz prägen. In diesem Sinne hängen die meisten anderen Sektoren der Wirtschaft, auch die meisten Dienstleistungen von der Industrie ab, weisen eine abgeleitete wirtschaftliche Existenz auf. Die Verfügbarkeit über industrielles Know-how ist entscheidend und wird entscheidend dafür bleiben, ob wir unsere Wohlfahrt erhalten und verbessern können.»

Nur – die Wirtschaft ist nicht mehr lange die, die wir kennen. Denn bei der Begeisterung über den vermeintlichen Wandel zur *Dienstleistungsgesellschaft* gerät leicht in Vergessenheit, daß sich der industrielle Sektor selbst dramatisch wandelt. Die Trennung von Wirtschaftswachstum und Arbeitsplätzen wird zunehmen. Das Kapital wandert zu den billigen Arbeitsplätzen, also vermutlich ins Ausland – ein unter ökonomischen Gesichtspunkten durchaus rationales Verhalten. Ebenso rational ist es, zusätzlich alles, was ausgelagert werden kann, aus der Firma zu entfernen, um Lohnnebenkosten zu sparen, also Rechtsabteilung, Datenverarbeitung, Produktionstechnik/Druck, Produktdesign, Lagerhaltung, Firmenkantine, Wäschedienste; Marketing, Werbung und Öffentlichkeitsarbeit; Marktforschung, Akqusition von Führungspersonal, Installation und Wartung von EDV-Systemen und vieles andere. Entscheidend sind dabei nicht mehr die Länder, sondern der Wettbewerb zwischen Unternehmen auf einem globalen Markt. Das bedeutet Weltmanagement durch ein Zentrum mit dezentralisierten Einheiten dort, wo am billigsten oder effektivsten produziert und verwaltet werden kann. Wichtig für die Ansiedlungspolitik der Zukunft ist es deshalb, die Attraktivität eines Standorts zu steigern. Wesentliche Voraussetzung dafür ist ein funktionierendes Dienstleistungssystem auf verschiedenen Ebenen: Banken, Versicherungen, Werbung, Marktforschung; natürlich auch die Exoten, die das Kabarett zum Betriebsfest schreiben. Darüber hinaus sind auch persönliche Dienstleistungen von entscheidender Bedeutung – also Betreuungen für die Kinder berufstätiger Mütter, Gärtner, Reparaturdienste usw. Zentral aber sind die sogenannten *System providers* wie Softwarehersteller, Datenverarbeiter, Ingenieurbüros und technisches Know-how der Arbeiter.

Denn die technischen Arbeiter sind die Eliten von morgen: Mikrocomputer-Spezialisten, die Fachmagazine lesen, Messen besuchen, Verkaufsinformationen sammeln und vergleichen – und damit allmählich Aufgaben des Managements übernehmen, nämlich Entscheidungen für den Einkauf von technischen Systemen; Wartungsspezialisten, die dafür sorgen, daß Maschinenteile vor möglichen Schadensfällen ausgewechselt werden, ohne daß die gesamte Anlage stillgelegt werden muß, und deshalb auch logistische Aufgaben erfüllen; Labortestauswerter und Datenbankrechercheure; Roboterprogrammierer und Software-Experten für Programme, mit denen man wieder Personal auf der Managementebene einsparen kann; Entwickler von Industrieanlagen, die vollautomatisch fahren und nur noch wenige Angestellte für Wartungsdienste benötigen. Die europäischen Zuwachsraten auf dem Gebiet der *Technical workers* sind zweistellig, eher bei fünfzehn als bei zehn Prozent.

Die Oberflächlichkeit der Trendprognosen läßt sich auch an weiteren *Megatrends* illustrieren. Zum Beispiel an Naisbitts Megatrends für *Frauen*, die eben wieder in der Recycling-Maschine der Faith Popcorn aufgewärmt wurden. Mehr als die in vielen Frauenzeitschriften zusammengefaßte Pauschaldiagnose «Die Frauen kommen!» läßt sich aus dem lautstark propagierten Trend auch nicht herauslesen. Aber in welchen Bereichen sind die Frauen auf dem Vormarsch? Und wie und warum? Die Beantwortung dieser Fragen, die auch unter volkswirtschaftlichen Gesichtspunkten interessant wäre, bleibt den zurückgelassenen Lesern und Zuhörern überlassen.

Dabei ist klar erkennbar, daß die stärkere Einbeziehung von Frauen eine quantitative und qualitative Notwendigkeit darstellt, die sowohl betriebswirtschaftlich als auch bildungspolitisch von existentieller Bedeutung ist. Denn erstens wird die Volkswirtschaft in zehn bis fünfzehn Jahren vor einem dramatischen Arbeitskräftemangel stehen. Und das bedeutet, daß in Deutschland mindestens neunzig Prozent der Frauen zwischen 30 und 35 und ein Drittel der Frauen über 60 Jahre arbeiten müssen. Zweitens bieten Frauen neue Impulse im Prozeß des Strukturwandels zur *Dienstleistungsgesellschaft*. Diese neuen Impulse sind nicht typisch weiblich. Sie entstehen aus dem Bedürfnis, an einer Wirtschaft teilzuhaben, in der die meisten attraktiven Positionen noch für Jahrzehnte männlich besetzt sind. Wie bei allen Gruppen in der Wirtschaftsgeschichte, die systematisch von der offiziellen Wirtschaft ferngehalten worden sind, entwickeln sich hier neue Wege über neue Tätigkeiten, die die alte Wirtschaft neu definieren. So gäbe es die boomende Dienstleistung der Öffentlichkeitsarbeit ohne den starken weiblichen Schub weder in ihrer heutigen Verbreitung noch in ihrer heutigen Qualität. Typische Beispiele für Frauenmächte im Berufsleben sind die neuen *Mehrkomponenten-Jobs* – oft selbst gebastelte Konzeptionen neuer Selbständiger –, in denen sich unterschiedliche Aspekte von Fach- und Sozialkompetenz mit-

einander zu einem *androgynen Konzept* verknüpfen: Umwelt-
ingenieurinnen mit Kenntnissen der wesentlichen europäischen
Sprachen und ausgefeilten Schlüsselqualifikationen.

Eine weitere Illustration der Oberflächlichkeit von Trend-Forschung zeigt sich am Thema «Gesundheit». Was bedeutet der
von Popcorn als «neuer Trend» propagierte Wunsch, lange und
gesund zu leben? Wird man künftig ein verstärktes Angebot von
Health care boutiques bereithalten müssen, um die Ansprüche
der massenhaft alternden *Yuppie*-Nachfolger an einen angemes-
senen Gesundheitsservice zu befriedigen? Heute schon bieten
Hotelketten Kombinationen aus Klinikbetrieb und luxuriöser
Unterbringung als neuartige Dienstleistung für gut versicherte
oder einfach finanziell gut ausgestattete Zielgruppen an. Ein
Trend? Hedonistisch geprägter Gesundheitsservice? Arbeitsfel-
der für Klinikeinrichter und Hotelbetriebe? Oder erste, wirklich
sichtbare Zeichen der Zweiklassenversorgung?

All das hat natürlich politische Dimensionen, für die man sich
in die Niederungen der Sozialpolitik begeben müßte. Wenn Arbeitnehmer zugunsten der Finanzierbarkeit der Sozialversiche-
rungen eine längere Lebensarbeitszeit hinnehmen müssen, wird
diese hektische Rechnung nur aufgehen, wenn diese älteren Arbeitnehmer auch gesund sind. Das können sie nur bleiben, wenn
ihre Betriebe für ein physisch und psychosozial gesundes Umfeld
sorgen. Die Ablehnung durch jüngere Kolleginnen und Kollegen
beispielsweise führt nach neueren Untersuchungen aus Finn-
land, Deutschland und Österreich zu Erkrankungen. Man weiß
heute, daß der wesentliche Faktor für Magen-, Herz- und Kreis-
lauferkrankungen, aber auch Verkrampfungen und Ermüdungs-
erscheinungen die sogenannten Gratifikationskrisen sind.

Schon diese wenigen Beispiele zeigen, daß sich die Gurus vor
einer eindeutigen Interpretation der Zukunft drücken. Was, nebenbei bemerkt, Fragen wie Rentensicherheit und Generatio-
nenvertrag betrifft, so kommen die nicht einmal ins Register.

Verständlich: Wer seine Sicht der Dinge aus der Absatzperspektive einer Multimillionen-Dollar-Industrie bezieht, der die wechselnden Szenen für ihren Absatz verständlicherweise völlig gleichgültig sind, wird sich kaum um die Alterspyramiden in Europa kümmern.

All business is individual

Die hiermit genannten Tendenzen, die sich für die Zukunftsgestaltung der europäischen Gesellschaften abzeichnen, sollen nur beispielhaft die Unmöglichkeit verdeutlichen, von gesicherten Trends zu sprechen, auf die sich alle Unternehmen gleichermaßen einstellen könnten. Es wäre auch vermessen, an einer jugendorientierten, eher hedonistischen Modeindustrie generelle Wirtschaftsprobleme aufzubereiten. Denn es gibt noch anderes, was in den Katalogen der Naisbitts, Höhlers, Gerkens, Popcorns, Horx' und Chauvels nicht vorkommt: Hersteller gesundheitstechnischer Geräte, Maschinenbauer, Fabrikanten von Schiffahrts-Elektronik und Navigationsgeräten, Firmen für Abwasseraufbereitung, Aufzugbauer, Unternehmen, die Gummi-Metall-Verbindungen herstellen, die Rohstoffe verarbeiten, Hochdruckventilatoren bauen, Klebstoffe entwickeln, Transportsysteme bereitstellen, sich auf Meß-, Steuer- und Regelungstechniken spezialisiert haben, Schaltanlagen entwerfen, Pipeline-Rohre herstellen, Tierkörper entsorgen usw.

So sind am Ende nur zwei Lösungen denkbar:
- die mühsame Detektivarbeit jedes einzelnen Unternehmens, herauszufinden, was seine Klientel heute schon an künftigen Wünschen erkennen läßt,
- und die vorauseilende Reaktion auf diese Wünsche.

Entscheidend ist die ruhige Auseinandersetzung mit den verfügbaren Daten zur demographischen Entwicklung, die Betrachtung der kulturellen und wirtschaftlichen Vermächtnisse, mit denen verschiedene Altersgruppen aufgewachsen sind, ihre Konsumlaufbahnen und ihre tiefliegenden Wünsche. Vor diesem Hintergrund wird man sich mit Ernährung, Bekleidung, Freizeit und Arbeitswelten durchaus auseinandersetzen können. Wie viele 16jährige Mädchen wird es im Jahr 2000 geben? Wie viele Männer um die 40, wie viele Frauen um 35 und wie viele Jungs in der Pubertät? Was haben sie erlebt, was erwarten sie aufgrund ihrer kollektiven Biographie? Welche konsumhistorischen, gesellschaftspolitischen und anderen Vermächtnisse spuken in ihren Köpfen herum? Gibt es Möglichkeiten, diese Erfahrungswelten zu bündeln? Was kann man ihnen anbieten – an Dienstleistung, Gesundheitsvorsorge, Technik und Freizeitprodukten? Darauf einzugehen, produkttechnische Definitionen zu liefern, das ist das Metier der Unternehmen. Dazu ist der Kundenkontakt notwendig. Da haben die Trendberater recht. Aber ein Kundenkontakt durch Trendberater ist kein Kundenkontakt mehr, sondern vermittelte Wirklichkeit. Wer garantiert, daß die Trendberater diese Wirklichkeit richtig verstanden haben? Dazu braucht es Erfahrungen und soziologisches Geschick, intelligente Marktforschung und den Mut zu Risiken, die feste Überzeugung von der Qualität des Angebots und den selbstverständlichen Kontakt mit Kunden.

Es soll an dieser Stelle nicht über Konzepte des unternehmerischen Lernens philosophiert werden. Angebote auf europäischer Basis sind genügend vorhanden. Wenn man sie geschickt nutzt, wird sich das Netzwerk einer virtuellen Privatuniversität ergeben, aus der sich branchenspezifische Lösungen technischer, kommunikativer oder betriebswirtschaftlicher Natur entwickeln lassen – in einem spannenden Prozeß der intellektuellen Wertschöpfung. So könnte die Erfahrung des grenzüberschreitenden Kompetenzzuwachses direkt auf den ureigenen Gebieten entstehen, für Hersteller gesundheitstechnischer Geräte, Maschinenbauer, Aufzugbauer, Unternehmen, die sich auf Meß-, Steuer- und Regelungstechniken spezialisiert haben usw. Allein die Zusammenarbeit mit mindestens einer Universität und mindestens einem weiteren Unternehmen aus dem EU-Raum ist Voraussetzung für die Teilnahme an Programmen dieser Art, wie sie beispielsweise im Netzwerk der «University-Enterprise Training Partnerships» zusammengefaßt sind.

Es braucht sicher auch Berater, die neben Erfahrung, soziologischem Geschick und Informationen der intelligenten Marktforschung auch über die Fähigkeit verfügen, die Bedeutung der Informationen zu erkennen, weil sie sich in der jeweiligen Branche auskennen. Hegelianisch dunkle Formulierungen und postmodernes Trendgemunkel in nebulöser Sprache nützen im unübersichtlichen Alltag allerdings wenig. Markterschließung ist harte Arbeit. Sie läßt sich nicht durch Modeworte ersetzen. Aber wenn man schon meint, das Unverständliche sei für motivierende Exerzitien vielleicht besser geeignet als der Crash-Kurs in einem Assessment-Center, so scheint es am Ende doch zielführender, allen Beteiligten Kants «Träume eines Geistersehers» zu schenken. Das ist zwar auch schwer verständlich, leistet aber immerhin einen Beitrag zur Stärkung der kulturellen Abwehrkräfte gegenüber Hirngespinsten jeglicher Art. Außerdem macht es sich dekorativ in der Bibliothek.

Geheime Lebensenergien aktivieren und stärken

Die neuesten Erkenntnisse über die Lebensenergie: Wie man sie aktiviert, wie man sie stärkt, wie man damit das Bewußtsein erweitern kann.

GERHARD H. EGGETSBERGER
Geheime Lebensenergien
PCE – Das Trainingsprogramm für mehr Lebenskraft, Gesundheit und Spiritualität
160 Seiten, SW-Illustrationen, Format 15,5 x 22 cm, glanzfolienkaschierter Pappband.
ISBN 3-7015-0364-8

Menschen, die die Welt bewegten

Wer waren die wichtigsten Persönlichkeiten, die das 20. Jahrhundert bestimmt haben? Eine neue Reihe bei *rororo handbuch* stellt die «100 des Jahrhunderts» mit Bild und biographischen Porträts in kompakter, präziser Form vor. Die Bücher bieten mehr Information als gewöhnliche Lexikon-Artikel und sind hilfreich für alle, die privat oder beruflich schnelle Informationen benötigen.

Die 100 des Jahrhunderts: Politiker

(rororo handbuch 6450) Sie haben den Lauf der Welt bestimmt, ihre Namen sind mit Krieg und Frieden, mit politischen Systemen und sozialen Konflikten, mit internationalen Bündnissen und wirtschaftlichem Aufstieg verknüpft.

Die 100 des Jahrhunderts: Naturwissenschaftler

(rororo handbuch 6451)

Die 100 des Jahrhunderts: Fußballer

(rororo handbuch 6458) Ihre Tore und Paraden begeisterten Millionen, ihre Niederlagen und Schicksale bewegten ganze Völker.

Die 100 des Jahrhunderts: Sportler

(rororo handbuch 6453) Sie ziehen Millionen Menschen in aller Welt in ihren Bann – mit Höchstleistungen und Rekorden auf Bahnen und Pisten, in Hallen und Stadien.

Die 100 des Jahrhunderts: Filmregisseure

(rororo handbuch 6452) Ihre Filme entführen in Bildwelten, deren Faszination sich niemand entziehen kann.

Die 100 des Jahrhunderts: Komponisten

(rororo handbuch 6457)

Die 100 des Jahrhunderts: Schriftsteller

(rororo handbuch 6455)

Die 100 des Jahrhunderts: Unternehmer und Ökonomen

(rororo handbuch 6454)

Die 100 des Jahrhunderts: Filmstars

(rororo handbuch 6459) Ohne seine Heldinnen und Helden wäre der Film ein nur mäßig aufregendes Spektakel. Seit den Anfängen begeistern jedoch die Stars ihr Publikum, sie sind die Ikonen unseres Jahrhunderts geworden. Hier treten sie auf, die eleganten Divas und die unwiderstehlichen Herzensbrecher, die großen Schauspieler und die einsamen Heroinnen.

rororo handbuch

Streß mit dem Chef, Probleme in der Familie oder Angst vor der Zukunft – Probleme, die allein schwer zu meistern sind. Jetzt erscheint bei *rororo* das Psycho-Power-Programm zur Stärkung des Selbstbewußtseins, bekannt als **Neurolinguistisches Programmieren (NLP)**, das in den siebziger Jahren von den Amerikanern Richard Bandler und John Grinder entwickelt wurde. Knapp, praxisnah und verständlich geschrieben, bieten die Bücher konkrete Hilfe für Alltag und Beruf.

Cora Besser-Siegmund
Das Rauchen aufgeben
(rororo sachbuch 9956)
Frei von Eifersucht
(rororo sachbuch 9985)
Mit Hilfe der vorgestellten Übungen und Tricks kann man lernen, wie man sich nicht länger von der alles zerfressenden Eifersucht beherrschen läßt, sondern statt dessen seine Energien auf neue, positive Ziele konzentriert.

Barbara Schott
Gut drauf sein, wenn's schiefgeht
(rororo sachbuch 9604)
Cool bleiben
(rororo sachbuch 9603)
Passiert es Ihnen auch immer wieder, daß Sie gereizt reagieren, die Fassung verlieren und manchmal richtig aus der Haut fahren? Das muß nicht sein. Sie können mit einfachen Mitteln gezielt lernen, Ihre Stimmung positiv zu verändern.
Andere Wege wagen
(rororo sachbuch 9605)

Psychologie aktiv

Cora Besser-Siegmund

Frei von Eifersucht

NLP –
Das Psycho-Power-Programm

rororo

Barbara Schott/ Klaus Birker
Freunde finden
(rororo sachbuch 9668)
Prüfungsstreß ade
(rororo sachbuch 9669)
Kompetent verhandeln
(rororo sachbuch 9773)
Geschicktes Verhandeln will gelernt sein – ob am Telefon oder am Verhandlungtisch. Dieses Buch stellt einfach anwendbare Strategien vor.
Schüchternheit überwinden
(rororo 9774)
Mut zur Entscheidung
(rororo sachbuch 9957)
Fällt es Ihnen manchmal schwer, klar ja oder nein zu sagen? Mit diesem Buch können Sie lernen, wie man Entscheidungen als positive Herausforderung begreifen kann.
Selbstbewußt auftreten
(rororo sachbuch 9905)
Souverän mit Kunden umgehen
(rororo sachbuch 9796)
Den Job will ich haben *Die erfolgreiche Bewerbung*
(rororo sachbuch 9986)

Intelligenter, einfallsreicher, kreativer werden, der Vergeßlichkeit in zunehmendem Alter vorbeugen und entgegenwirken: praktische Ratgeber für ein gezieltes Training des Gedächtnisses.

Kathleen Gose / Gloria Levi
Wo sind meine Schlüssel?
Gedächtnistraining in der zweiten Lebenshälfte
(rororo sachbuch 8756)
Die Autorinnen dieses praktischen Ratgebers haben ein Programm entwickelt, das ein gezieltes Training des Gedächtnisses ermöglicht. Nebenbei werden auf anschauliche Weise Funktionen und Leistungen des Gedächtnisses erklärt.

Raymond Hull
Alles ist erreichbar *Erfolg kann man lernen*
(rororo sachbuch 6806)

Walter F. Kugemann /Bernd Gasch
Lerntechniken für Erwachsene
(rororo sachbuch 7123)

Ellen J. Langer
Fit im Kopf *Aktives Denken oder Wie wir geistig auf der Höhe bleiben*
(rororo sachbuch 9509)
Ein psychologisches Sachbuch – spannend, manchmal witzig, wissenschaftlich fundiert und trotzdem handfest praxisbezogen –, das mehr Licht in unser Leben bringt und mehr Leben in unseren Alltag.

Hans-Jürgen Eysenck
Intelligenz-Test
(rororo sachbuch 6878)

Ernst Ott
Das Konzentrationsprogramm
Konzentrationsschwäche überwinden – Denkvermögen steigern
(rororo sachbuch 7099)
Optimales Denken
Trainingsprogramm
(rororo sachbuch 6836)
Optimales Lesen *Schneller lesen – mehr behalten. Ein 25-Tage-Programm*
(rororo sachbuch 6783)

Wolfgang Zielke
Konzentrieren – keine Kunst
Ratschläge und Übungen für den Alltag
(rororo sachbuch 9556)
Der Autor zeigt, wie man seine Konzentrationsfähigkeit durch Veränderungen des eigenen Verhaltens und Arbeitens erhöhen kann. Er bietet eine vergnügliche und leicht zu lesende Sammlung von hilfreichen Ratschlägen und Tips.

Auf gut deutsch

A. M. Textor
Sag es treffender *Ein Handbuch mit 25000 sinnverwandten Wörtern und Ausdrücken für den täglichen Gebrauch*
(rororo handbuch 6520)
Auf deutsch *Das Fremd-wörterlexikon*
Über 20000 Fremdwörter aus allen Lebensgebieten
(rororo handbuch 6521)
Zwei Standardwerke (Gesamtauflage: 1,5 Mio.) in vollständig überarbeiteter und erweiterter Neuauflage.

Herta Beusche-Menze / Frohmut Menze
Die neue Rechtschreibung *Wörter und Regeln leicht gelernt*
(rororo sachbuch 60171)
So schreibt man das jetzt! *Die neue Rechtschreibung*
(rororo sahbuch 60172)
Ab dem Jahr 2002 gelten in Deutschland, Österreich und der Schweiz vereinfachte Normen für Rechtschreibung und Interpunktion. Zwei erfahrene Deutschlehrer haben die neuen Regeln ins Jedermanndeutsch übertragen und sich auf die bedeutsamen Änderungen konzentriert.

Manfred Kienpointner
Vernünftig argumentieren *Regeln und Techniken der Diskussion*
(rororo sachbuch 60109)
Wen frustrieren sie nicht, diese chaotischen Auseinandersetzungen, wo Argumente weggeredet und Gesprächspartner kleingemacht werden? Dieser Kurs weist ebenso leicht verständlich wie praxisnah den Weg zu vernünftigem Argumentieren.

Wolf Schneider
Deutsch fürs Leben *Was die Schule zu lehren vergaß*
(rororo sachbuch 9695)
Ein Deutschkurs, insbesondere für Schreiber, aber auch für Leser und alle, für die das Lernen nach der Schule nicht aufhört. Wolf Schneider erhielt 1994 den Medienpreis für Sprachkultur.

Wolf Schneider / Paul-Josef Raue
Handbuch des Journalismus
288 Seiten. Gebunden
Wie werde ich Journalist? Die Autoren helfen mit diesem Handbuch bei allen Fragen zur Aus- und Fortbildung von Journalisten.

rororo sachbuch

Dieter Schnack, geboren 1953, verheiratet, drei Kinder. Diplompädagoge und Journalist. Arbeit in der Erwachsenenbildung und beruflichen Fortbildung.
Rainer Neutzling, geboren 1959. Soziologe und Journalist, lebt und arbeitet in Köln. Arbeit in der beruflichen Fortbildung zu Fragen männlicher Sozialisation und Sexualität.

Dieter Schnack /
Rainer Neutzling
Die Prinzenrolle *Über die männliche Sexualität*
416 Seiten. Kartoniert und als rororo sachbuch 9966
«Zum Glück gibt es hin und wieder Sexual-Bücher, die neue Einsichten und Antworten auf bislang ungeklärte Fragen vermitteln ... Die beiden noch recht jungen Autoren schreiben mit einer Leichtigkeit, die hierzulande ebenso selten ist wie als unseriös gilt: Der keineswegs oberflächliche Plauderton, dazu die vielen stimmigen Zitate, die authentischen Fallbeispiele und fiktiven, aber anschaulichen Schicksale erinnern an beste anglo-amerikanische Sachbuchliteratur.»
Psychologie heute

Dieter Schnack /
Reiner Neutzling
Kleine Helden in Not *Jungen auf der Suche nach Männlichkeit*
(mit kindern leben 8257)
«Trotz aller Kompetenz ist das Buch nicht trocken, sondern ein großer Lesespaß.» *Brigitte*

Rainer Neutzling
Herzkasper *Eine Geschichte über Liebe und Sex*
320 Seiten. Broschiert und als rororo 13879
Es geht um die Beziehung zu den Eltern, das Verhältnis zum eigenen Körper, Selbstbefriedigung und die sie begleitenden Phantasien, Gruppendruck, monströse Vorstellungen vom jeweils anderen Geschlecht, das erste Mal, die Erfahrungen danach, Angst vor Schwangerschaft, sich verändernde Freundschaften, Untreue, Eifersucht und heillosen Liebeskummer. Rainer Neutzling: «Micha, Vio und Laura lernen sich kennen, lieben und hassen. Am Ende, um einige Erfahrungen reicher, liebt es sich nicht gerade leichter, aber auch nicht weniger hoffnungsvoll.»

rororo sachbuch